珍藏本
纪念版

汉译世界学术名著丛书

关于德国国家经济状况的认识

——五大原理

〔德〕卡·洛贝尔图斯 著

斯竹 陈慧 译

2017年·北京

К. РОДБЕРТУС
К ПОЗНАНИЮ НАШЕГО ГОСУДАРСТВЕН-
НО-ХОЗЯЙСТВЕННОГО СТРОЯ
ПЯТЬ ТЕОРЕМ
Государственное издательство социальной и экономи-
ческой литературы СССР
1935 г.
根据苏联国家社会经济书籍出版社 1935 年俄文版译出

汉译世界学术名著丛书
（120 年纪念版·珍藏本）
出 版 说 明

2017 年 2 月 11 日，商务印书馆迎来 120 岁的生日。120 年前，商务印书馆前贤怀揣文化救国的理想，抱持“昌明教育，开启民智”的使命，立足本土，放眼寰宇，以出版为津梁，沟通中西，为中国、为世界提供最富智慧的思想文化成果。无论世事白云苍狗，潮流左右激荡，甚至战火硝烟弥漫，始终践行学术报国之志，无改初心。

迻译世界各国学术名著，即其一端。早在 20 世纪初年便出版《原富》《天演论》等影响至今的代表性著作，1950 年代后更致力于外国哲学和社会科学经典的译介，及至 1980 年代，辑为“汉译世界学术名著丛书”，汇涓为流，蔚为大观。丛书自 1981 年开始出版，历时三十余年，迄今已推出七百种，是我国现代出版史上规模最大、最为重要的学术翻译工程。

丛书所选之书，立场观点不囿于一派，学科领域不限于一门，皆为文明开启以来，各时代、各国家、各民族的思想与文化精粹，代表着人类已经到达过的精神境界。丛书系统译介世界学术经典，引领时代思想，为本土原创学术的发展提供丰富的文化滋养，为推动中国现代学术和现代化进程做出了突出的贡献。

为纪念商务印书馆成立120周年，我们整体推出“汉译世界学术名著丛书”120年纪念版的珍藏本，寄望既利于文化积累，又便于研读查考，同时向长期支持丛书出版的译者、编者和读者致以敬意。

两甲子后的今天，商务印书馆又站在了一个新的历史时间节点上。我们不仅要铭记先辈的身影和足迹，更须让我们的步伐充满新的时代精神。这是商务人代代相传的事业，更是与国家和民族的命运始终紧密相连的事业。我们责无旁贷，必须做好我们这代人的传承与创造，让我们的努力和成果不仅凝聚成民族文化的记忆，还能成为后来人可以接续的事业。唯此，才能不负前贤，无愧来者。

商务印书馆编辑部

2017年10月

目　　录

俄译本校者序言

一

卡尔·洛贝尔图斯—亚格措夫于1805年8月12日出生在格赖夫斯瓦尔德一个瑞典司法官兼罗马法教授的家庭中。这个司法官兼教授很快(1808年)就退职,迁居梅克伦堡别捷利茨庄园,过地主生活。洛贝尔图斯在梅克伦堡文科中学毕业后,1823至1825年在戈丁根,1825至1826年在柏林,攻读法学。卒业后,他担任了审判官员,起初在旧布兰登堡法院任陪审推事,从1829年起在布列斯劳任裁判官。

直到1830年左右,洛贝尔图斯才开始研究政治经济学。他随即辞去公职,一部分时间在德累斯顿和海德堡度过,一部分时间在国外——瑞士、法国和荷兰——旅行。国外旅行显著地开阔了他的眼界。1834年,洛贝尔图斯在波美拉尼亚购置了亚格措夫庄园,从1836年起在那里定居,终生成为波美拉尼亚的地主,这在他的政治生涯和他的学术著作中,都鲜明地反映出来。弗·恩格斯在写信给爱·伯恩施坦时提到过洛贝尔图斯。他说:“这个人曾经接近于发现剩余价值，但他在波美拉尼亚的领地妨碍他做到这一点。”[①]马克思的伟大战友的这一中肯评价，再好不过地概括了洛贝尔图斯，并且不仅仅是概括了在恩格斯所直接论及的问题上洛贝尔图斯的观点。大家知道，要代表小资产者的思想意识，并不一定要自己去当小店主。但是，洛贝尔图斯的波美拉尼亚的地产，却在他的理论观点和政治观点的本质上打下了自己的烙印。

1837年，在宪章运动和蓬勃开展的无产阶级反对资产阶级的阶级斗争的强烈影响下，32岁的洛贝尔图斯写下了他的第一篇经济著作——关于《工人阶级的要求》的论文(《Die Forderungen der arbeitenden Klassen》)，文章直接引证了宪章运动和这一阶级斗争。

在这篇措辞激烈的文章中，洛贝尔图斯已经敲起了响彻他以后的全部著作的警钟。他担心，日趋恶化的经济状况，将迫使工人阶级不再“安分守己、伏伏帖帖地”为发展中的资本主义服务。他写道：“然而，本来可以安分守己、伏伏帖帖地献身于世界历史发展的力量，竟无济于事地背道而驰，历史不得不描述崎岖难行的弯路。”

文章投往《奥格斯堡总汇报》。该报是德国自由主义资产者的喉舌，平淡无味，曾为马克思和恩格斯一再嘲笑。[②] 该报把稿子压了下来。又过了5年，洛贝尔图斯出版了他的第一本、也是他全部

① 恩格斯1883年2月8日给爱·伯恩施坦的信，见《马克思恩格斯全集》，中文版，第35卷，第428页。着重点是引者加的。

② 马克思把《奥格斯堡总汇报》评为“温文尔雅、平淡无味、立论凡庸的报章”，见《马克思恩格斯全集》，俄文第1版，第1卷，第288页。

著述中最重要的一本书。本序言就是为此书的译本撰写的。如果说，按照狄特泽尔的意见，洛贝尔图斯没有发表的早期论文，“对于德国来说，是社会思想发展史上一个新阶段的到来”，[①]那么，洛贝尔图斯的思想实际上是在本书中首先公布于世的。

《关于德国国家经济状况的认识》一书得到的反响是很冷淡的。当洛贝尔图斯这个德国资产阶级的有远见的代表人物已经敲起警钟、在无产阶级革命运动的幽灵面前惶恐不安的时候，普通的资产者及其他们的思想家还没有表现出很大的惊慌，加上《五大原理》只是他原来计划撰写专论抽象理论问题的著作的第一部，因此对于洛贝尔图斯的警告，他们就更听不进去了。洛贝尔图斯只是打算在第三部著作中才发挥一个政治问题，即为巩固现存制度来对付无产阶级社会革命的前景而提出的社会改良问题。《五大原理》就是提出这个问题的先声。

洛贝尔图斯虽然受到资产阶级“公众”的冷遇而深感不快，可是，他仍斩钉截铁地决定要实行一些他认为可行的经济措施来消除无产阶级革命的威胁，尽管洛贝尔图斯清楚地看到、他的整个阶级本性也强烈地要求制止这一威胁变成现实，因此他顽强地继续进行活动。

首先，他试图在政界继续他的活动。1841 年洛贝尔图斯就当选为州议员，从 1847 年起担任省自治会骑士阶层代表，随后在柏林担任第二届地方自治联合会委员，以“改良派”发起人的身份出头露面。在风起云涌的 1848 年革命的浪潮中，洛贝尔图斯试图以

① 狄特泽尔：《卡尔·洛贝尔图斯》，上册，耶拿，菲歇尔 1886 年版，第 2 页。

政客的身份实现他的经济改良计划——无产阶级革命的“消毒剂”。但是，洛贝尔图斯在政界的飞黄腾达是很不稳定的。他参加1848年6月25日组成的汉泽曼内阁，任文教大臣仅十四天。不久他又被选入议院，以“波罗的海地区工人阶级福利同盟”主席的资格到处活动，在好几年内极力巴结俾斯麦，企图继续他的政治官运。马克思在1852年写的一封信中，恰如其分地把洛贝尔图斯和他的友人克尔其门评为“急功好利的候补大臣”[①]，1864年他再度指出我们这位作者有“大臣瘾”。不过洛贝尔图斯此后全部工作的重点，转向了研究政治经济学。洛贝尔图斯在1848年革命的进程中接触了马克思和共产党。他对他们的态度，可以从马克思给魏德迈的信里所说的一段话中判断出来。马克思写道：“几天以前，‘著名的’见习法官施拉姆在街上遇见一个熟人，马上就悄悄地对他说：‘不管革命的结局如何，大家一致认为，马克思是完啦。最有成功希望的洛贝尔图斯马上会下令把他枪毙的。’……当然，我对所有这些卑鄙行为置之一笑，它一分钟也不会使我离开我的工作。”[②]

洛贝尔图斯的狂热一时的政治生涯，只是他同无产阶级革命的幽灵，同“现代野蛮人造反”、“文化衰亡”的威胁——它使德国资产阶级的这个有远见的思想家惊慌不已——顽抗到底的一个片断。进行这种顽抗，是洛贝尔图斯的毕生事业，他为此发展了自己

① 马克思1852年8月3日给恩格斯的信，见《马克思恩格斯全集》，俄文第1版，第21卷，第371页。

② 马克思1851年8月2日给魏德迈的信，见《马克思恩格斯全集》，中文版，第27卷，第588页。

的貌似社会主义的全部改良计划，写下了自己的全部理论著作。随后，他拿起经济学家的武器，继续进行这种抵抗。

当时，《共产党宣言》的嘹亮的号角声震撼全世界，《宣言》具体地表明了共产主义的幽灵在欧洲游荡，并且发出了“全世界无产者联合起来”的战斗号召。这一时期的这个有远见、有头脑的资产阶级思想家，以他的全部学术工作致力于实行改良的鼓动，期望借这项改良去制服那个共产主义的幽灵，阻止无产阶级的革命行动。所以，当洛贝尔图斯的阶级兄弟、德国资产者克尔其门在《Demokratische Blätter》(《民主报》)上著文分析日益令人不安的“社会问题”时，他就迫不及待地指点克尔其门和整个德国资本主义势力，告诉他们应当如何按他的主张解决“社会问题”，国家应当怎么办，才能消除无产阶级革命的威胁，哪些理论原则必须成为资产阶级国家对抗革命的“社会策略”的基础。在洋洋数十万言、而且还没有写完的四封《致克尔其门的社会书简》(前两封于1850年问世，第三封于1851年问世，第四封在洛贝尔图斯死后才发表，并且其后还应有续篇)中，洛贝尔图斯以维护资本主义“文化”、反对无产阶级革命运动的斗士的狂热，再一次详尽无遗、不厌其烦地向德国资产阶级、首先是国家机构的领导者说明他对政治经济学原理的理解：认为必须实现拯救危亡的社会改良，消除使资产阶级社会四分五裂的阶级对抗。洛贝尔图斯始终表现为一个主张实行防患于未然的改良以避免无产阶级革命的理论家。

洛贝尔图斯以同样的激情，就土地所有制和土地占有者的信贷这个专门问题发表了意见，在其他著作中，1868—1869年

出版的《论对当前土地占有的信贷困难的阐述和救济办法》(《Zur Erklärung und Abhülfe der heutigen Kreditnoth des Grundbesitzes》)是洛贝尔图斯论述这个问题的最重要的著作之一。[①] 洛贝尔图斯还依据他的一般观念和他所抱定的宗旨,在1871年的文章中论述了"正常工作日"问题。洛贝尔图斯的使命也吸引他去研究古希腊罗马的经济领域,从中得出一系列的一般哲学和社会学的原理,同时进行一些历史的考证和比较,对他的实际政治建议作必要的充实。因此,连他的《古代国民经济学研究》也成了他的理论武库的一个组成部分。洛贝尔图斯拼凑了这个武库,用以对抗无产阶级革命运动及其强有力的武器——马克思主义。

最后,洛贝尔图斯广泛地与人通信。在通信中,他有时特别尖锐地、开门见山地提出他最感兴趣的那些社会政治问题;如同在专供发表的著作中一样,他在通信中,再三地反复提到自己心目中所想象的一幅前景:在普鲁士国家的怀抱中,阶级对抗趋于缓和,资产阶级与无产阶级握手言欢。

他屡次采取种种步骤,时而设法亲自实施拟订的方案,时而恳求权力无限的俾斯麦去加以实施。在洛贝尔图斯短期出任大臣以后的十六年,马克思写信给恩格斯说:"洛塔尔·布赫尔……,你大概已经知道,投到俾斯麦的阵营中去了。伊戚希男爵本人(引者按:即拉萨尔),这个乌凯马尔克的菲力浦二世的波

① 洛贝尔图斯的早期著作《普鲁士货币危机》(1845年)、《论给予地主的信贷》和《皮罗—喀麦罗先生的最新地租》(1847年)也涉及这个问题。

扎侯爵，大概……干出同样的事。……我觉得，洛贝尔图斯先生也在企图搞什么‘把戏’，因为他要‘把社会问题同政治完全分开’，这是大臣瘾发作的确切症候。这一群来自柏林、马尔克和波美拉尼亚的混蛋是多么下流无耻啊！”[①]无产阶级的领袖和导师很明白：把社会问题同政治分开意味着什么，“社会主义者”洛贝尔图斯的企图何在。

洛贝尔图斯继续进行活动，直到1875年12月6日病死为止。死亡中断了这个亚格措夫的思想家为实行防患于未然的改良而进行的活动。这时，他的名字已经成为整个有影响的德国庸俗经济学派的旗帜，成了一种独特的资产阶级改良主义——卖弄其“国家社会主义”和“讲坛社会主义”的美名，而寄“社会主义”的希望于普鲁士君主政体——的旗帜，成了一面反对工人运动、反对共产主义、反对马克思的旗帜。

洛贝尔图斯生平没有很多轰动一时的事件，这个“国家社会主义”的魁首最怕真正的社会主义工人运动，因而竭尽全力试图防止无产阶级反对资产阶级的阶级斗争。上面，就是他一生中几个主要片断的简述。

二

洛贝尔图斯的《关于德国国家经济状况的认识》一书，与他的

① 马克思1864年12月10日给恩格斯的信，见《马克思恩格斯全集》，中文版，第31卷，第40页。“大臣瘾发作的确切症候”一语着重点是引者加的。

《社会书简》和其他若干重要著作[①]不同，它的俄文版是初次问世。同时，这不仅是洛贝尔图斯第一部公开出版的著作，其中概括了他的理论体系中全部关键性的本质的论点，而且是他的著作中最好的一部。[②]

这部著作对我们来说之所以重要，是因为：

第一，它很清楚地——比以后的某些著作清楚得多——暴露了洛贝尔图斯的经济观点的历史根源，表明了他在自己的理论体系中，以什么样的资产阶级经济思想的代表人物作为依据，摆脱了谁的观点。《关于德国国家经济状况的认识》相当明显地暴露了：在亚格措夫的这位思想家的体系中，李嘉图理论的基本论点，同按照费希特、什塔尔、斯坦的精神和部分地秉承亚·弥勒的精神发挥出来的社会政治结论，是怎样交错在一起的；这个体系如何把德国资产阶级政治经济学所津津乐道的观点跟古典学派的基本原理联系在一起，并且利用这些原理，以新的方式发展以前一些德国资产阶级经济学家的“国家社会主义”思想、“君主社会主义”思想和普鲁士主义思想。

第二，通过洛贝尔图斯公开发表的这第一部著作，可以很肯定

① 《第一书简》的俄文版是《开端》出版社出版的，译者是达维道夫（未注明年份）；第二书简和第三书简——以《社会问题解说》为题——由索波列夫教授迻译，格拉哥列夫出版（移译年份未注明，出版于 1905 年）；第四书简——《资本》——系达维道夫译，《开端》出版社，1906 年（即出版第一书简的同年）出版。此外，《古代国民经济学研究》曾在雅罗斯拉夫尔（1880—1887 年）印行，1891 年《法学通报》第一期曾刊载赫尔岑斯坦译的《正常工作日》，1892 年《农民之声》增刊曾译载《论对当前土地占有的信贷困难的阐述和救济办法》。

② 这一点，见恩格斯 1884 年 7 月 11 日和 8 月 1 日给考茨基的信，见《马克思恩格斯全集》，中文版，第 36 卷，第 177、190 页。

地把握住洛贝尔图斯体系的社会阶级本质。洛贝尔图斯是一个以“社会主义者”的面貌出现的波美拉尼亚的地主，是一个独特的理论家，似乎时而替土地占有制辩护、时而维护工人阶级，而实质上则是德国资产阶级政治经济学的重要代表人物，是沿着特殊的普鲁士道路向前发展的资本主义的重要代表人物。

第三，我们所考察的洛贝尔图斯的这部著作，比较充分地显示了他作为一个经济理论家的最大的长处。难怪洛贝尔图斯在以后的论著中一再摘引这部著作，变换一种形式，重弹其经济理论的老调。[①]《认识》实质上详尽无遗地表明，洛贝尔图斯在探讨资本主义政治经济学的基本问题方面有什么收获，他给价值、货币、资本、利润、地租、工资等理论增添了什么内容。

第四，基于上述，《五大原理》很清楚地表明：即使是洛贝尔图斯的论点的精华，同马克思的严整伟大的经济学说体系，即科学共产主义体系，也还相距甚远；洛贝尔图斯的体系和马克思的体系之间横隔着一道鸿沟（社会民主党的“理论家”枉费心机地企图对它加以掩盖）；《五大原理》的作者从李嘉图的假设出发，并没有多大进展，后来反而倒退了，他的普鲁士主义的有色眼镜使他寸步难行；洛贝尔图斯的理论揣测的某些成果，被资产阶级经济学中一大堆流行的教条淹没了。

洛贝尔图斯在1879年给伊·泽勒尔的信中提到《认识》时，竟对马克思进行了令人愤慨的极端荒谬的攻讦。他写道：“你会看

① 恩格斯写道：“从1842年直到死，他一直在兜圈子，老是重复他第一本书已经说过或暗示过的同一思想……。”（《哲学的贫困》德文版序言，见《马克思恩格斯全集》，中文版，第21卷，第219页。）

到，它已被马克思在其《资本论》中满不坏地予以利用……，当然，并未说明是摘引我的话。”[①]在另一处，洛贝尔图斯宣称，马克思把他“洗劫一空”。[②] 在又一封信中，他写道，他比马克思更加简单明了地说明了剩余价值的起源。[③]

科学共产主义的伟大创始人只知道这里的最后一项攻讦。上面说过，施拉姆曾经担保，洛贝尔图斯一旦执政，就会处决马克思。马克思对此毫不介意，一笑了之。他对洛贝尔图斯的放肆而又可笑的自以为是，也抱着同样的态度。无产阶级政治经济学的天才的创立者表示，他可以让洛贝尔图斯怡然自得地认为自己对剩余价值的解释胜于马克思，他不会浪费时间去反驳这种看法。

可是，庸俗经济学家喋喋不休地重复着一个神话：洛贝尔图斯是科学社会主义的真正的创始人。从阿·瓦格纳到马·杜冈—巴拉诺夫斯基，他们曾争先恐后地重弹一个调子，现在有时还继续唱着这种老调。对于资产阶级恶毒地诽谤马克思的文章，对于“旨在使内阁和资产阶级垂青的粗暴而又可笑的讽刺小品”[④]，乔治格·阿德勒之流，自然还极力想用吹捧“洛贝尔图斯为科学社会主义创立者”的另一本书去加以补充。

《认识》一书——资产阶级散布毒素的神话，就是围绕着这部

---

① 洛贝尔图斯 1879 年 3 月 14 日给伊·泽勒尔的信，见《国家学时报》，1879 年，第 219 页。

② 洛贝尔图斯 1871 年 11 月 29 日给梅耶的信，见《洛贝尔图斯—亚格措夫博士书简与社会政治论文集》，梅耶博士发行，第 1 卷，柏林 1881 年版，第 134 页。

③ 《洛贝尔图斯—亚格措夫博士书简与社会政治论文集》，第 111 页。

④ 马克思和恩格斯给尼古拉·……翁的信，洛巴京译，圣彼得堡 1908 年版，第 50 页。

著作编造的——再好不过地表明了，甚至洛贝尔图斯的最好的论著，也还是同马克思的著作隔着一条不可逾越的鸿沟，洛贝尔图斯自命为科学共产主义的创立者，显得多么可笑和蛮横。

最后，第五，我们所考察的洛贝尔图斯的这部著作，完全是一种“价值构成”在理论上的论证。洛贝尔图斯认为这种“价值构成”是从一切资本主义不可调和的矛盾中解脱出来的手段。通过这本书，可以明确地看出，这个“构成”理论是根本违反科学的；可以了解到，它只是欧文、格雷、蒲鲁东、采什科夫斯基等人的空想主义方案的最幼稚、最粗糙、最富于诡辩性的“波美拉尼亚”变种而已。

我们不打算详细分析洛贝尔图斯这本书的所有具体观点，现在只简要地谈谈上述最重要和最值得注意的几点。

三

德国的政治经济学在洛贝尔图斯以前已经走过一段漫长的路程，虽然远不是什么光辉的、也并没有充满理论成就的历程。同时，还有一个特色贯穿着它的最典型的代表人物的著作：对极权国家和君主制——首先是普鲁士君主制——进行独特的辩护，表现得奴颜婢膝，对当时在整个资本主义发展的环境中滋长起来、以古典政治经济学代表人物为其杰出喉舌的经济自由主义加以抵制。

资本主义发展的普鲁士道路，在德国资产阶级政治经济学发展的独特的“普鲁士道路”中获得了独具一格的思想反映。这条要求扫除一切封建残余、国家实行不干涉政策、取消垄断组织、充分开展自由竞争的路线，并不是斯密和李嘉图所表现的大胆宣扬资产阶级“经济利己主义”的路线。这是一条资产阶级特征和封建主义特征兼容并蓄的国家政权所实行的“社会政策”的路线；是一条软弱的德国资产阶级利用旧有的封建主义杠杆控制劳动人民，否则就会度日如年、惶惶不可终日的路线；是一条反对经济自由主义的路线，号召德国资产阶级竭力利用君主制这支力量，否则就休想对付工人运动这个和德国资产阶级发展形影不离的幽灵的路线。这当然不是封建主义政治经济学的路线，而是资产阶级政治经济学产生和发展的路线。这种政治经济学一开始就同封建主义成分联系在一起，它与其说是反对封建主义，不如说是反对无产阶级和农民，它惧怕资本主义在自由竞争的如意环境中发展，极力使资本主义的发展得到君主制国家机构和国家“社会政策”的支持。这是落后的德国的资产阶级政治经济学路线。在德国“资产阶级政治经济学可能存在的条件刚刚产生，或许它就已经又变得不可能存在了。”[①]同时，德国资产阶级政治经济学，长时期内在很大程度上没有同国家学说、法学理论等划分开来。它长久地表现为“政治学”(Staatskunst)的一个要素、“国家学”(Staatswissenschaft)的一部分；它的许多重要原理都是在法学理论书籍中发表的，而一旦专门谈到国民经济的研究，国民经济又被称做“国家经济”(Staatswirtschaft)。

我们刚才描述了德国政治经济学的基本路线。它的这条道路，是由亚当·弥勒(1779—1829 年)的体系开始的，他原已被人遗忘，现在又被法西斯“理论家”重新搬出来了。

---

① 马克思:《资本论》,1920 年俄文版,第 1 卷,第 49 页。着重点是引者加的。

弥勒观点的理论水平是极低的。马克思认为弥勒“对经济事实全然无知”[①]，并且说他的主要论点是“荒诞无稽的谬论多得无以复加”[②]。弥勒醉心于封建主义观念，对资本主义新制度表示不满。他认为，必须激烈地反对自由竞争和实业自由，强调“国家利益”，建立一套说明寄生阶级必然存在的“生产率理论”，并且大力颂扬国家的作用，要求国家全面干预经济生活。弥勒宣称：“国家不是简单的制造厂、农场、保险机关或贸易公司；在伟大、充沛、永恒运动和万古长青的整体中，它是全部生理需要和精神需要、全部物质财富和精神财富、一个民族全部内外生活的内在统一体。”[③]他据此批评亚·斯密，因为斯密只注意了生产，忽视了国家、团体、家庭、道德等因素，然而“德国思想方式”恰恰完全渊源于这些因素。[④] 弥勒如此热衷于君主制和警察统治，竟要求国家不让任何自然界规律自由地发生作用。这位警察国家的聘达[*]宣称：“在国家内，除了政治学本身的天地以外，任何天地都不应容忍。”[⑤]

弥勒还完全受封建主义观点的左右，反映着特殊的封建浪漫主义。同时，弥勒指出了资产阶级经济思想继续发展的道路。它沿着这样的道路发展，与其说是由于“德国思想方式”，不如说是由

① 马克思：《政治经济学批判》，见《马克思恩格斯全集》，中文版，第 13 卷，第 63 页。

② 马克思：《资本论》，1920 年俄文版，第 3 卷，第 24 页。

③ 弥勒：《政治学原理》，1809 年德文版，第 1 卷，第 51 页。着重点是弥勒加的。并见第 1 卷，第 66 页。

④ 同上和第 3 卷，第 226 页。

* 古希腊抒情诗人，这里喻弥勒为警察国家歌颂者。——中译者

⑤ 弥勒：《政治学原理》，第 2 卷，第 234 页。

于德国资本主义的发展独特而落后。

大致在弥勒抛头露面的时候，德国唯心主义哲学的泰斗之一约·哥·费希特的著作《闭关自守的商业国家》问世了。费希特在该书中开门见山地说："只有国家才使人数不定的一批人组成一个闭关自守的整体、共同体，只有国家才能管理它所包括的全体人员，因此也只有它才能从法律上规定所有权。"[①]在费希特看来，国家必须保证各阶级间（费希特认为有三个这样的阶级：农民、手工业者、商人）的正常关系，按比例地分配劳动，责成商人接受一切卖者的商品，责成生产者出售商品，而且还规定每件产品和每项工作的固定价值。总之，"国家务必通过强制性的法律，使公民……在经济周转中保持平衡状态"，因为这些强制性的法律无法施于外国人，所以"凡是公民与外国的任何交往，概须禁止，不得通融。"[②]

因此，在这类制度中，费希特特别中意的是："人民和政府的关系，或者君主制国家中人民和宫廷的关系，最为融洽"。[③]

在费希特的这本书里，我们可以直接找到为洛贝尔图斯的体系所发展了的一系列论点，包括费希特所津津乐道的价值构成在内。这位亚格措夫的理论家的观念，就其出发点来说，每每接近于费希特的"孤立的商业国"的原则。

费希特并不是独一无二的提出过某些被以后德国经济学家在著作中屡次引用的重要理论观点的哲学家。德国资产阶级经济学家从谢林的理论中取了不少经。谢林的理论认为，世界历史的最

---

① 约·费希特：《闭关自守的国家》，圣彼得堡 1883 年俄文版，第 39 页。

② 同上书，第 59 页。

③ 同上书，第 152 页。

高目标是建立一个国家——必然和自由的协调体。唯心主义辩证法的天才理论家黑格尔可以供经济学家取的经，更是不可计量。他的《法哲学》，包含着理论经济学问题的某些深入浅出的提法。这些提法，大部分都被并不高明的德国资产阶级政治经济学置于一旁；这里，不仅有黑格尔关于价值和货币的深刻的思想，更有他那深入资本主义实际辩证法底层的一些论点，如关于劳动者依赖性和贫困程度增长时财富积累的论点，关于"财富过多时公民社会并不很富"的论点，等等[①]。可是，黑格尔特有的辩护观点和他对"小百姓"产生和发展的极度惶恐不安，在德国资产阶级经济思想史上不可能不得到反响。

黑格尔要求国家遵循"一个高瞻远瞩的见解——努力防止小百姓的产生"[②]，换句话说，就是防止心怀不满的革命分子的产生。他认为，"共同事业和公益设施要求公众权力进行监督和予以关心"[③]，这种公众权力应当调和"生产者和消费者的不同利益"；这样，就直接谈到了国家调节经济。他以为，既须反对公众包办代替，又须反对实业自由，即自由竞争，因而坚持说："实业自由不应当是危及公共福利的那种自由[④]。"这位哲学家有远见地把握了年轻而又落后的德国资产阶级所遇到的种种问题。就是他的这些指点，在德国政治经济学思想上打下了烙印，使其存有戒心地更加注意"社会问题"。

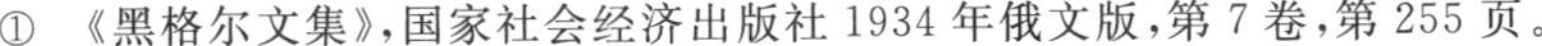

① 《黑格尔文集》，国家社会经济出版社 1934 年俄文版，第 7 卷，第 255 页。

② 同上书，第 253 页。

③ 同上书，第 250 页。

④ 同上书，第 251 页。

还应当特别指出，黑格尔和费希特相类似，专门提出了国家规定固定价格的问题；洛贝尔图斯的“价值构成”在这里又找到了一个独特的前辈。

弥勒的旧观念和已经极其接近洛贝尔图斯的那些提法之间，有一座别开生面的桥梁，这就是谢林的门徒弗·什塔尔的论点。什塔尔是反动的普鲁士主义的突出的代表人物、弗里德里希—威廉四世的御用哲学家、君主政体的宣扬者。这个作者给洛贝尔图斯的影响很大。对于这种影响，洛贝尔图斯很清楚地着重说明过，贝纳茨基[①]和蒂埃尔[②]也说得头头是道。

什塔尔在他的《从历史观点考察的法哲学》（1830—1837 年）一书中，以谢林门徒的面貌出现，努力建立“基督教的法学和国家学说”。在什塔尔看来，国家是“上帝对人们外部状况的影响的传播者”[③]，是“人类的存在和上帝的宇宙安排之间最高关系的表现手段”[④]，是“上帝领导尘世的工具”[⑤]。国家“包罗人类存在的一切方面”，首先是“物质福利”[⑥]，因而也掌握着经济。由此随即产生了立足于各阶级之上、作为至高无上的社会力量的国家（必然是君主制国家）的社会使命。

① 贝纳茨基：《德国的国家社会主义理论家》，圣彼得堡 1911 年版。

② 蒂埃尔：《洛贝尔图斯、拉萨尔、阿道夫·瓦格纳》，耶拿，菲歇尔 1930 年版，第 16 页。

③ 弗·什塔尔：《从历史观点考察的法哲学》，海德堡 1837 年德文版，第 2 卷，第 3 页。

④ 同上书，第 4 页。

⑤ 同上书，第 8 页。

⑥ 同上书，第 6 页。

大约在同一时期，谢林的另一个门徒、研究“有机国家学说”的亨·阿仑斯的一本书问世了。他认为，国家的作用是，“在社会生活各部门间分配社会资料”[①]。在现代经济中，这种分配是在自由竞争的基础上进行的，导致工人贫困，因而形成了“人数不多的大财主”。国家必须干预和纠正这种现象。国家不应当自行领导生产，它应当发展各种团体；国家还应当责成工厂主规定工人分红的比例。阿仑斯的结论是：“组织起来，已成为当代的口号；对现存制度的缺陷，人人都有同感：独一无二的自由制无力改组社会。”他就是这样攻击了古典学派的自由主义，提出了国家的积极的“社会政策”。

还在阿仑斯以前几年，弗·布劳就发表了题为《国家与工业》的一篇经济专论。布劳在序言中就说：“种种危险威胁我国社会关系的继续存在。其中最严重的危险由于贫困阶级日益贫穷而变本加厉。”[②]因此作者号召大家注意这个迫切要解决的难题。他本人详细地分析了这个问题，论述了“人口和生产之间的比例失调”、“食物的不足”、工人的贫困等等，详细地研究了各种各样的国家的企业、保护关税政策、贫民救济工作等等。最后，布劳得出结论说：“我惧怕由日益增长的无产者阶层所带来的一切，我认为拯救之道全在于促使其减少、缓和和提高的各项措施（Maassregeln）。”[③]因此，国家必须采取行动，防止无产阶级的贫困程度的增长和它的革命化。

① 阿仑斯：《自然法权论》，巴黎1839年法文版。转引自贝纳茨基著作，第49页。

② 布劳：《国家与工业》，莱比锡1834年德文版，第6页。

③ 同上书，第303页。

对无产阶级的增长和革命化惶恐不安，是洛贝尔图斯全部论著的特色。这种心情，在布劳那里，以及在与他同时代的其他某些著作中，已经表现得很明显。

此外，在洛贝尔图斯出现于理论经济学界前后，还有另一些德国资产阶级经济思想的代表人物抛头露面，对洛贝尔图斯有很大影响。

这里，第一是大经济理论家、《孤立国》的作者约·屠能。《孤立国》第二卷(1850年)探讨了收入分配理论。屠能在发挥这个理论时，同古典学派进行论战，根据一种独出心裁的生产率理论，要求使工人的报酬同劳动生产率成正比，并且随之增加。屠能特别坚持工人分红制，甚至号召经济学家"掌握社会主义的基本原则"，虽然他自己连什么社会主义者都不是，他的依据就是为马克思所彻底驳倒的诡辩的"三位一体公式"。①

第二，部分地说，还有弗·李斯特。他在《政治经济学的国民体系》(1841年)一书中宣扬国民利益高于一切，国家有积极的作用，因为它是与私人利益不相吻合但高于私人利益的这种国民利益的代表。李斯特反对魁奈—斯密的"占统治地位的理论"，要求国家为了"国民的团结一致、……国民的分工和……国民的生产力协作"②而积极活动。这个论调，尤其是关于国民利益和分工的论点，也贯穿着洛贝尔图斯的著作，虽然洛贝尔图斯并不赞成李斯特

① 约·屠能:《孤立国》，第2卷，上册，柏林1875年德文版，主要见第1篇，第1、2、3节和后记；第2节"论工人分红"，是屠能早在1826年写成的，它很像洛贝尔图斯的第一篇论文，甚至体裁也相似。

② 弗·李斯特:《政治经济学的国民体系》，圣彼得堡1891年俄文版，第51页。

反映落后的德国资本主义的利益的特殊保护关税观点。

第三，是轰动一时的《现代法国的社会主义与共产主义》一书（1842年）的作者，“社会改良”和“社会君主制”的理论家洛仑茨·施泰因。在和洛贝尔图斯的《认识》同年出版、以后又大加补充的那本书中，施泰因把“社会与无产阶级”当作一个中心问题提了出来。施泰因认为，当今的资本主义制度必然伴随着占有者阶级同非占有者阶级间的矛盾和斗争；竞争使工资日益降低，使非占有永恒存在。社会革命并不是摆脱这种状况的出路，因为社会革命不过是把政权转交给一个阶级——无产阶级掌握，而国家照旧为狭隘的阶级利益服务。出路在于另一方面：必须使人人成为占有者，依靠君主制的力量，循此方向实行社会改良。[1]

还有其他许多德国资产阶级经济学家、哲学家和社会学家，在洛贝尔图斯以前或与他同时，由于对行将爆发的无产阶级革命感到恐惧，企图由君主制国家政权对资本主义实行某种改革，从而使资本主义根基万古长存，因此提出了种种“社会改良”方案。此处不可能对他们一一加以介绍。这里，有什塔尔的追随者、《保守纲领概要》等论著的作者、露骨的反动人物古贝，是《联合劳动（协作）和国家参与救济劳动者》一书（1849年）的作者维胡拉，有反动的“基督教社会主义”的第一批代表人物凯特勒主教和维赫恩牧师，还有另外许多人。在收集了大量材料的贝纳茨基的书中，读者可以看到对所有这些作者的论著的介绍。但在这里，我们认为，重要

① 洛·施泰因：《现代法国的社会主义与共产主义》，莱比锡1848年德文第2版，第1卷，第1篇：“社会与无产阶级”。

的是着重指出，洛贝尔图斯绝非像他有时自我吹嘘的那样，是一个独一无二的预言家，也绝非像人们时常对他描绘的那样，是什么德国土壤上的李嘉图思想的传播者；他是德国资产阶级经济思想的典型代表人物，他与当时的德国资产阶级政治经济学思考着同一类问题，大体上，也试图通过它所主张的资产阶级普鲁士主义途径来解决这些问题。无论是洛贝尔图斯的改良宣传，还是他的社会主义漂亮辞句，都不是什么崭新的东西，而是反映了当时流行的思想。在他之前或同时，这种思想也以较简单、较模糊的形式抒发出来了。洛贝尔图斯的体系是德国资产阶级经济思想的合乎规律的产物。它与19世纪中叶整个德国资产阶级政治经济学一样，首先是资本主义在德国独特发展的合乎规律的产物。

我们在这里扼要地介绍了一些可以算作洛贝尔图斯的前辈或亲密同伙的著作家，自然远没有包括19世纪德国政治经济学的全部历史。我们既没有涉及斯密学派的德国后裔，也没有谈到其他流派的代表人物。我们只提到了洛贝尔图斯观点的直接根源——在其历史上最能说明德国资产阶级政治经济学发展特点的普鲁士主义、君主改良主义思潮。

作为经济理论家的洛贝尔图斯是从这个潮流中成长起来的。但是同时，他掌握着古典学派的理论遗产；可以说，他在自己的著作中，用取自李嘉图的原理，首先是劳动价值论，改编和论证了以国家为中心的“社会改良”代言人的旧论点。洛贝尔图斯第一次把德国资产阶级政治经济学津津乐道的普鲁士改良主义观点（在这方面，屠能只在某种程度上是他的局部的前辈）同李嘉图的劳动价值论全面地结合在一起，给那些观点披上了新的更加壮观的理论外衣。他极力用资产阶级，而且是最成熟的英国资产阶级所能建立的最完善的理论武装，即李嘉图的原则，来论证德国资产阶级经济思想的意向。

四

“不！社会问题不会在街头上，靠罢工、筑街垒或石油……来解决。社会问题有其独有的特性；它犹如含羞草，一遇到粗野的强有力的手就愕然退缩。确立持久的社会和平，建立统一的国家政权，工人阶级与这个政权保持牢固可靠的联盟，事先进行大量研究和各项工作，在和平时期，在一系列深入结合的基础上，雷厉风行、秩序井然地建立各种制度——这些，就是解决社会问题所需的条件……。如果说保守主义就是保持陈腐的旧事物，无论这旧事物叫做自由主义的或非自由主义的，那么，没有什么比社会问题再不保守的了。如果说保守主义就是加强君主制国家政权，进行和平的改良工作，使社会各阶级在光辉的 suum cuique（各得其所）的原则保护和指导下相安无事，那么，没有什么比社会问题再保守的了。”①

洛贝尔图斯就这样结束了他的最重要的著作之一。这就是洛贝尔图斯的一切论点。加强君主制，实行旨在使工人信任国家的普鲁士式的“社会改良”以及“光辉的 suum cuique（各得其所）”，也

① 洛贝尔图斯：《正常工作日》，赫尔岑斯坦译，见俄文《法学通报》，1891 年，第 1 期，第 101 页。

就是说，保持资本家与土地占有者的私有制和收入，这就是洛贝尔图斯观念的基础。因此，他的君主制的、保守的、私有者的、普鲁士式的“社会主义”，与普鲁士国王大弗里德里希所宣扬的“社会主义”是一路货色。洛贝尔图斯的“社会主义”，是和弗里德里希的普鲁士式“社会主义”一脉相承的，不过它是在资本主义发达得多的条件下、面临着发展为一支巨大力量的工人运动而提出来的。

洛贝尔图斯这个“社会主义者”连稍微触动土地占有者和资本家的所有权都极不愿意。他写道：“社会问题，如我上面所表述的，可以靠实行人民劳动去解决，而不必从土地私有者和资本家那里，从他们现在所获得的租金和利润中抽取分文。工人工资的增加只是将来的事；这将依靠劳动生产率的提高。”[1]

这个思想，从洛贝尔图斯没有发表的第一篇文章和《认识》起，贯穿着他的全部著作。在《认识》中，洛贝尔图斯谈到他的研究工作的主旨问题时，把自己的中心建议表述为：“不减少租金（洛贝尔图斯把利润和地租二者都包括在“租金”的概念内。——引者），靠采取一些措施，使工人享受……生产率……提高之利。”[2]洛贝尔图斯着重指出，提高工资有各种不同的办法。用他的话来说，这可以靠租金去实现。但他否定了这个办法。他认为可行的，只是在“不减少租金”的条件下提高工资，实质上恰恰是为了避免租金（借用他的名词）在无产阶级革命中被废除的前途。

① 洛贝尔图斯：《正常工作日》，赫尔岑斯坦译，见俄文《法学通报》，1891 年，第 1 期，第 96 页。着重点是洛贝尔图斯加的。

② 洛贝尔图斯：《关于德国国家经济状况的认识》，1842 年德文版，第 28 页。

洛贝尔图斯在《第三社会书简》中表达了同样的意思，不过显得更加支吾搪塞一些。他设想，“可能找到一种使土地和资本所有权成为累赘的经济组织”，可是他接着就说：“但还会把所有权神圣不可侵犯地保存下来。”然后他又连忙说明，“我绝不是建议当前就来实行这种组织”（洛贝尔图斯甚至特地把这一整句话都加上了着重点）。洛贝尔图斯声称：“我想……只限于提出这样一些建议，这些建议不破坏土地和资本的所有权，其目的只是更加公平合理地支付生产性劳动的报酬。”[①]或者，像他在同一著作中所说的：“从我的激进的租金理论中，……可以得出一套完整的实际步骤，它会保证当前的社会基础平安无事地再存在二三百年。”[②]……

最后，洛贝尔图斯在他的书简中很尖锐地提出了整个问题。他声称：“马克思的《资本论》是对社会的进攻。”必须对这个进攻给予回击。为此必须“维护资本，不仅要消除从劳动方面威胁它的危险，并且要消除由于它本身的过错而产生的危险”……[③]

观念是明确的。洛贝尔图斯的生平事业，不是从无产阶级社会主义的立场向资本主义进攻，而是以一个有远见的资本主义理论家的身份保卫资本主义。这个理论家看到了资本主义制度所包含的危险，注意到了资本主义的某些严重矛盾（洛贝尔图斯谈论了资产阶级制度的两大弱点——赤贫和危机），希望以在某种程度上提高工资为代价，以不触及资产阶级制度根基的独出心裁的“妥协”为代价，去维护资本，使它免受剥夺。洛贝尔图斯直言不讳地

① 洛贝尔图斯：《社会问题解说》，索波列夫译，圣彼得堡版，第300—301页。

② 同上书，第164页。

③ 《洛贝尔图斯—亚格措夫博士书简与社会政治论文集》，德文版，第111页。

说:“我们这门科学最迫切的任务,只是谋求劳动同土地和资本所有权之间的妥协。”[①]

尽管不时有社会主义的辞句出现,整个观念的本质却是替资本主义辩护。这一点,表现在洛贝尔图斯的所有根本论点中,甚至从他自己的解释中也显而易见。有一种反马克思主义的神话,说洛贝尔图斯是科学社会主义的创立者、工人运动的最合适的理论家。十分明显,这是公然欺人之谈,必须予以驳斥。

洛贝尔图斯要求提高工资,不是出于对无产阶级的某种阶级同情心,而是为了保存资本主义。甚至连工资铁则之所以使他感到不安,也仅是因为它“不然就可能使当前的社会关系遭到毁灭”。对于巴黎公社这次无产阶级革命,他是以阶级敌人的语言发表感想的,无产阶级对他来说是野蛮人,他害怕他们的进军,认为那是整个文明的毁灭。[②] 把洛贝尔图斯装扮成无产阶级思想家的任何做法,都是最有害的欺人的诡辩。

但是,可能有人试图用另一种方式来说明洛贝尔图斯的体系不是资产阶级经济思想的独特表现,不是德国资产阶级政治经济学整个链条的有机的一环,试图把洛贝尔图斯说成是土地占有制的观点和利益的代表者。

的确,洛贝尔图斯曾是波美拉尼亚的地主。的确,土地所有者的利益和需要是和他休戚相关的。的确,洛贝尔图斯的主要著作之一和一系列比较次要的著作都是专门用来直接维护和颂扬土地

① 洛贝尔图斯:《资本》,第 150 页。着重点是洛贝尔图斯加的。

② 见狄特泽尔:《卡・洛贝尔图斯》,上册,德文版,第 9 页。并见洛贝尔图斯《第一书简》,达维道夫译,《开端》出版社,第 57 页。

所有权的[①]。的确,洛贝尔图斯对土地所有者的利益如此担忧,竟认为他们的信贷困难具有"几乎同所谓'社会问题,同样的重大意义"[②]。的确,洛贝尔图斯提出了"世间存在的最保守的抵押理论"[③]。但是,把洛贝尔图斯的著作上下文连贯起来,就可以肯定地证明:第一,亚格措夫庄园的主人不是主张重返封建主义的复古理论家(他一贯激烈地反对这种思想),不是封建土地占有制的维护者,而是资本主义发展的理论家;因此,对于使他大伤脑筋的"社会问题",他所寻求的答案,不是在于重新向封建主义倒退,而是在于"前进",即他所设想的走向独特的"构成的"资本主义、经过整顿和调节的资产阶级制度。第二,洛贝尔图斯根本没有起来维护同资产阶级的利益相对立的土地占有制的特殊利益。他把土地占有制当作资本主义制度的一个要素、资本主义德国的一项基础。

因此,恩格斯绝非偶然地写道:"……妙极了,一切资产阶级分子现在都聚集在洛贝尔图斯的周围,这实在是好极了。我们不能指望比这再好的了。"[④]不需要什么再好的事情了,因为这件事已经使洛贝尔图斯观念的阶级实质一目了然。

了解洛贝尔图斯理论的社会本质的锁钥,在于列宁对农业中资本主义发展的两条道路的杰出分析。列宁写道:"按资产阶级方

---

① 见洛贝尔图斯:《论对当前土地占有的信贷困难的阐述和救济办法》,载《土地占有者之声》1892 年附刊;以及上面提到过的著作:《普鲁士货币危机》、《论给予地主的信贷》和《皮罗—咯麦罗先生的最新地租》。

② 洛贝尔图斯:《论对当前土地占有的信贷困难的阐述和救济办法》,第 35 页。

③ 洛贝尔图斯:《社会问题解说》,第 164 页。着重点是洛贝尔图斯加的。

④ 恩格斯 1884 年 9 月 20 日致考茨基的信,见《马克思恩格斯全集》,中文版,第 36 卷,第 211 页。着重点是引者加的。

向发展，可能是逐渐资产阶级化、逐渐用资产阶级剥削手段代替农奴制剥削手段的大地主经济占主导地位。”[①]这也就是资产阶级发展的特殊的普鲁士道路。它使德国资本主义的整个发展独具特点。这也相应表现为德国资产阶级经济思想发展的特点，尤其是表现为它的最大的代表人物——洛贝尔图斯的学说。

洛贝尔图斯所描述的资本主义，即在他的视野中具体出现的、他认为必须通过“构成”加以巩固的资本主义，乃是沿着普鲁士道路发展的资本主义。在这种资本主义中，资产阶级的利益同土地占有制的利益很紧密地结合在一起，经常是一个人兼为地主和资产者；维护资本主义，在很大程度上也就意味着维护资产阶级容克贵族。在洛贝尔图斯的时代，资产阶级容克贵族就是德国资产阶级中人数最多、影响极大的一支队伍。因此，很突出的是，在《认识》中，资本主义农业的直接体现者，不是资产阶级租佃者，而是从事经营的土地占有者。波美拉尼亚的地主洛贝尔图斯也并没有同发展中的德国资本主义对立；他首先担忧的就是这一发展及其危险。洛贝尔图斯的地主身份，可能使他更清楚地看到了资本主义生产方式的历史性和相对性，但绝没有把他放在资本主义的道地的反对派的地位。

由此可见，洛贝尔图斯是循着普鲁士道路发展的资本主义的典型思想家。他是在十九世纪中叶的德国形成的具体的资本主义的典型代表人物。所以，他不是、也不可能是经济自由主义的代表者。经济自由主义在英国经济学家和一部分法国经济学家的著作

---

① 《列宁全集》，中文版，第13卷，第219页。

中盛行，而在德国自由贸易主义者斯密公爵、米哈艾里斯等人的论著中只是略闻其声而已。洛贝尔图斯是一种落后而又不很巩固的资本主义的代表人物，这种资本主义违反那些要求国家采取不干涉态度的英国型资产者——德国也有这样的人——的意愿，抓住自己的国家，竭力利用它旧有的极权威力。他是马克思所阐明的那种资本主义及其在资产阶级教授科学中的反映的代表者。马克思写道："虽说德国社会是极落后的，但它也渐渐由封建的自然经济脱离了，至少由封建自然经济的统治脱离了，伸进到资本主义经济里面来了。虽然如此，教授们却依然一只足站在旧的尘埃上。这是当然的。"[1]洛贝尔图斯是那样一种资本主义的代表者，它刚一站稳脚跟，就遇到了世界资本主义的尖锐矛盾和它本身的矛盾，遇到了工人运动，遇到了它最深思熟虑的代表人物早就觉察到的无产阶级革命的威胁。

所以，洛贝尔图斯的体系不仅是德国资产阶级政治经济学、因而也是德国资本主义发展的合乎规律的产物，而且是十九世纪中叶普鲁士资本主义的经济思想的典型表现；甚至在一定程度上，这个体系还是一个中心，德国资产阶级政治经济学在十九世纪前半期的整个发展都归结于此，它以后的各个流派大部分都以此为据。因此，洛贝尔图斯进行论战，而且是尖锐、激烈地同时与反动的封建浪漫主义倾向和社会主义意向论战。在这方面，《认识》的序言是极能说明问题的。在该序言中，这位资产阶级经济学家开门见

---

① 马克思：《评瓦格纳〈经济学教程〉》，见《资本论》，第 1 卷，1953 年中文版，第 1021 页。着重点是引者加的。

山地宣布,他既反对“奔回中世纪”[①],也反对“以令人头昏目眩的猛跳”跃入非资本主义境地。

当然,洛贝尔图斯的体系有很多独特之处。首先是,在德国资产阶级政治经济学中独一无二地详细利用了资产阶级经济科学的、主要是李嘉图的古典派原理;最后是,别出心裁地运用了关于价值和收入“构成”的教条,而这个教条过去却具有另一种性质,往往是小资产阶级性质。但这种情况不仅不能否定,而且更加显示了洛贝尔图斯的原理的特点,表明了他是19世纪中叶德国资产阶级经济学的头号代表人物,是整个德国资产阶级经济学的头号代表人物;表明了他的体系是19世纪前半期德国资产阶级政治经济学特殊发展的一定的总结,是此后各个有影响的庸俗经济学流派,如“讲坛社会主义”或“国家社会主义”、新历史学派的出发点,在很大程度上也是社会学派和社会民主党政治经济学若干变种的出发点。同时,洛贝尔图斯的某些论点是同法西斯政治经济学的教条相呼应的,虽然法西斯主义所拼凑的“理论”远不及洛贝尔图斯的一些论点,因为这些论点比较严整,不是露骨的诡辩,而且部分地运用了资产阶级科学的重大成就。

五

在这篇序言后面的洛贝尔图斯的著作,没有专门详述他的学

① 与此相关联,洛贝尔图斯反对重商主义思想和闭关自守论,即法西斯主义“理论家”大加颂扬的观点。见《认识》,德文版,第140页(疑为第1页之误。——中译者)。

说的一般哲学前提和方法论前提。但是，洛贝尔图斯是一个对哲学与方法论问题十分敏感和重视的作者，他的方法论在字里行间表现得很明显。

这个方法论是什么呢？洛贝尔图斯在哲学方面是一个坚决的唯心主义者，是德国古典唯心主义、首先是费希特和谢林的与众不同而又极其紊乱和模棱两可的门徒；洛贝尔图斯体系的所有研究者——狄特泽尔、布拉德凯、蒂埃尔等人都肯定他同费希特和谢林在思想上有深刻的联系。他敌视一切唯物主义。洛贝尔图斯叫道："我完全不是一个唯物主义者。"[①]他自认为是"来自上帝"的"崭新的宇宙观和历史观"的创立者[②]。

洛贝尔图斯的历史哲学和社会学，就是以此为立足点的。整个历史是"世界在上帝之身复归一体的过程"[③]。因此，"凡是政治经济问题，我都把它同上帝联系(binde und knüpfe)在一起"[④]。生活的灵魂，其中特别是社会生活的灵魂，乃是共同性(Gemeinschaft)，即精神的、伦理的、经济的共同性，它的范围日益扩大，从一个家庭的范围开始，随后经过部落和国家这两个阶段，进入有组织的人类社会。因此，共同性的法律制度决定着它的经济关系，而不是相反。共同性是人类历史的动力和灵魂。[⑤] 这就得出了所谓

① 科查克：《洛贝尔图斯—亚格措夫的社会经济观点》，耶拿，菲歇尔 1882 年版，第 12 页。

② 《国家学时报》，杜宾根 1879 年，第 224 页。

③ 见蒂埃尔：《洛贝尔图斯、拉萨尔、瓦格纳》，第 17 页。

④ 同上书，第 36 页。

⑤ 这些思想，洛贝尔图斯在《古代社会国民经济学研究》中、下册中叙述得最为详尽。

共同性原则或"共产主义"原则。洛贝尔图斯的"共产主义",归结为同个人主义观点对立的"劳动共同性"学说,归结为普遍主义观点的特殊翻版。普遍主义观点早在弥勒那里就已经显露头角,后来成为施潘手中维护法西斯反动势力的直接工具。

照洛贝尔图斯的说法,这种"共产主义"原来是任何一个社会的一般逻辑特征,而不论社会的历史形式如何。总的说来,洛贝尔图斯所特有的手法,也就是把一切基本经济概念变成同历史范畴对立的逻辑范畴。

对于这个亚格措夫的作者广泛采用的方法,我们只举两个例子讲一下。第一个例子是关于分工。洛贝尔图斯把分工描述为一种决定性的社会联系,一种在物质上构成社会的力量。洛贝尔图斯主张从分工出发来考察整个现代经济,把分工当作它的最本质的基础。要正确地了解现代经济,"首先必须把一切非本质的附带的因素(Beiwerk),即工人同土地和资本占有者的差别,排除于分工概念之外"。[①] 阶级特征变成了应当撇开不问的非本质的附带因素。这就是洛贝尔图斯的"逻辑范畴"的全部实质。

第二个例子涉及对资本的阐述。洛贝尔图斯责备马克思把"资本概念"本身和"资本的现代形式"混为一谈。[②] 他自己创立了资本的逻辑范畴,以别于资本的现代历史形式,并且证明资本本身永恒不灭。这里,洛贝尔图斯的方法论的资产阶级性质表现得淋

① 洛贝尔图斯:《资本》,柏林,1884年德文版,第81页。我们在这里引证了原文,因为达维道夫的译文此处不很确切。

② 《洛贝尔图斯—亚格措夫博士书简与社会政治论文集》,第1卷,第111页。

漓尽致，它在很大程度上是直接反对马克思的方法论的。

洛贝尔图斯有时很鲜明地揭露政治经济学中个人主义和自由主义观念的弊病。他发表了不少关于分工的深刻的看法。但是，他分析经济问题的一切哲学观点和方法，都是极其荒谬的，它们无不基于唯心主义原则，无非是用同样带有资产阶级局限性的普遍主义或有机主义同个人主义相抗衡，提出划分“逻辑”范畴和“历史”范畴的诡辩术。

如果说在方法论上，洛贝尔图斯同资产阶级政治经济学古典作家的立场、同这个立场的最彻底的体现者——李嘉图相距很远，那么，在经济理论的基本论点方面，他有很多东西是从李嘉图处借鉴的。

在价值论方面，洛贝尔图斯利用了李嘉图的一切根本原则。他的劳动价值论首先利用了李嘉图的理论。考察洛贝尔图斯在《认识》中所最全面地阐明的价值论，就能清楚地发现，洛贝尔图斯一则以李嘉图为准绳，二则并没有比李嘉图有丝毫进展。

相反地，洛贝尔图斯采取了故弄玄虚的叙述方法，过分庞杂地堆集了一些取自德国资产阶级经济学旧武库的定义（他的“有用的物品”、“具有价值的物品”、“财货”等就属于这一类），故意把价值解释为“逻辑范畴”。这样，他就使自己对李嘉图价值论的阐述在某些方面变得杂乱无章。

洛贝尔图斯观念的两个基本点，尤其模糊了价值问题的本质，完全堵塞了从李嘉图的理论向前进展的道路。

1. 李嘉图相当分明地划清了商品的使用价值和交换价值的界限（交换价值只是价值的表现形式，这一点，李嘉图没有说明)。因此,李嘉图虽然并没有比较清楚地提出已被马克思详尽无遗地解决了的商品二重性这个最重要的问题,但他至少开辟了提出这个问题的道路。洛贝尔图斯却在这里仿照劳和其他德国经济学家的很不高明的手法,倒退了一大步。他试图勾销使用价值和价值之间的对立性,把二者对比为逻辑概念和历史概念,认为"只有一种价值,这就是使用价值"。[①] 瓦格纳对此如获至宝,声称:"我赞成洛贝尔图斯和谢夫勒的见解,认为一切价值有使用价值性质,更加看重使用价值的评价。"[②]洛贝尔图斯和瓦格纳的这个论点,实质上抛弃了整个劳动价值论。马克思在他的《评瓦格纳著作》这篇精辟的书评中,把它批驳得体无完肤。马克思说明,使用价值绝不是价值的基础,使用价值与价值,"除了'价值'一词之外,毫无共同之处"。[③] 马克思绝妙地嘲笑了"德国本国教授把使用价值和价值混同起来的'努力'"。[④] 这种"努力",恰恰是"胡言乱语"的洛贝尔图斯的理论区别于较高级的李嘉图理论的特点。

2.在李嘉图看来,商品价格倾向于价值,价值起着支配商品价格波动的规律的作用,这已经不是一种理想,而是一个客观的自发过程。可是,李嘉图仍然并没有因此而比较充分地揭示价值规律

---

① 《国家学时报》,杜宾根1879年,第228页。

② 瓦格纳:《一般的或理论的国民经济学》,1879年德文第2版,第1卷,第48页。转引自马克思:《评瓦格纳经济学教程》,见《资本论》,第1卷,1953年中文版,第1021页。

③ 见《马克思恩格斯文库》,俄文版,第5卷,第394页。

④ 同上书,第396页。并见恩格斯:《马克思〈哲学的贫困〉序言》,见《哲学的贫困》,1962年中文版,第7页。

的矛盾,也没有因此而更加详尽地考察价值作为发达的资本主义制度下价格形成的基础,是如何由于一般利润率规律而发生形态变化的。不过,在这里,李嘉图无论如何还没有堵塞提出问题的道路,而洛贝尔图斯却又在这里倒退了一步。

洛贝尔图斯在《认识》中分析盖尔曼的异议时,已经举手投降了。他设想,消耗等量劳动的商品,其价值相等,但并没有坚持认为这是符合实际的。① 后来,他在引述这种设想的时候声称,他不认为,“产品的价值总等于所消耗的劳动,换言之,劳动如今已能代表价值标准。我已经在第二书简和《认识》一书中说明,这并不是一个经济事实,而只不过是一种经济思想”。② 洛贝尔图斯认为马克思的一大错误就是:在马克思看来,价值决定于劳动,这并非如他洛贝尔图斯所指出的,是一种只有用立法手段才能实现的理想,而是商品经济的一个现实的客观规律。

不言而喻,在这一点上迷误的不是马克思,而是洛贝尔图斯。洛贝尔图斯就这个问题同马克思论战,从而表明他对这个问题的理解甚至没有达到李嘉图的水平。

可见,在价值论方面,洛贝尔图斯最多是停留在李嘉图的水平上,并且有一系列观点陷入了德国经济学家混淆是非的庸俗立场。他没有再前进。“洛贝尔图斯先生有李嘉图的价值量尺度,但和李嘉图一样没有研究或了解价值的实体。”③他丝毫没有触及问题的关键,即劳动二重性学说。特别是,他复述了李嘉图关于社会必要

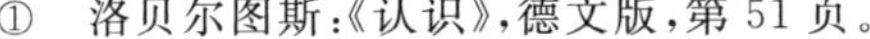

① 洛贝尔图斯:《认识》,德文版,第 51 页。

② 洛贝尔图斯—亚格措夫:《社会问题解说》,俄文版,第 93—94 页。

③ 马克思:《评瓦格纳著作》,见《资本论》,第 1 卷,1953 年中文版,第 1026 页。

劳动由劣等生产条件决定的不正确的学说，没有从此前进一步。同时，他作为以前的德国资产阶级经济学的合法继承者，接受了它的一系列庸俗观点，并且试图把这些观点与劳动价值论结合起来，其结果却由劳动价值论大大地后退了。在价值论方面，洛贝尔图斯不仅不比马克思高明，也无法同马克思伦比，而且，洛贝尔图斯的理论和马克思的杰出学说的距离，还大于李嘉图和马克思的距离。洛贝尔图斯的功劳在于：他第一个在德国资产阶级经济学界详尽地提出了劳动价值论，还仔细地评述了李嘉图的一系列论点。但只是如此而已……。

在考察洛贝尔图斯的“租金论”时，会发现大致相同的情况。他以为，“租金论”比起马克思的论点来，是对剩余价值问题的更加简明的阐述。应当说，洛贝尔图斯曾经屡次提出并论证一个一般原理：“租金”不是价值的附加，而是生产性劳动所生产的一部分价值。但是，以这样的一般形式说明的这个原理，只是对于德国资产阶级经济学界才是多少有些新颖的东西。在德国以外，这个原理已被所谓李嘉图派社会主义者更为明确突出地发挥过，而在他们之前，也就已经包含在古典派学说中了。如果简单地说剩余价值或“租金”是工人无酬劳动的结果，那么，在洛贝尔图斯时代，这绝不是什么新论点；马克思在《剩余价值学说史》中提到的很多作者，都在洛贝尔图斯之前以不同的形式论述过这一点。如果谈到建立正确的前后一贯的剩余价值学说，洛贝尔图斯就根本无法与马克思争这一份功绩。

第一，在洛贝尔图斯看来，“租金”仅是利润和地租的总和，他对二者的解释都是似是而非的；洛贝尔图斯并不理解：如恩格斯所说明的[①]，剩余价值是资本主义制度下剩余产品的一般形式，而利润和地租则是剩余价值的转化形式。

第二，剩余价值的全部秘密基于一种特殊的矛盾，即"劳动力"商品的二重性。可是，洛贝尔图斯丝毫没有发现"劳动力"的二重性及其一般基础——一般商品的二重性。在洛贝尔图斯看来，劳动是商品，买卖的是劳动，而不是劳动力，[②]这就把他明确揭示剩余价值秘密的道路堵死了。

第三，我们的这个"租金"论者竭力粉饰资本主义剥削的寄生性。他承认，价值，以至它的一部分——"租金"，是劳动创造的，但又急忙声明，资本家和土地占有者都履行着对社会十分有用的职能，他们的活动很受人尊敬，"租金"论不应当成为要求剥夺剥夺者的根据，利润和地租仍应提供给资本家和土地占有者，作为他们履行对社会有用的职能的报酬。他接着又急忙强调指出，"应当以一切可能的手段，保持劳动、资本和土地所有权这样一种社会经济阶级的划分状况，一切努力都应当只用于改变劳动产品的分配。"

其实，洛贝尔图斯在国民产品分配问题上同样陷入一片混乱，他连篇累牍、枯燥无味地谈论资本和收入的区别，故弄玄虚地分析工资应纳入哪一项，而结果还是重复了斯密把产品分为工资、利润和地租的错误[③]。如果注意到这个事实，就会清楚地看到：连洛贝尔图斯允诺的"完整的、与这个最好的方法相适应的国民产品分

① 恩格斯：《〈资本论〉第 2 卷序言》，见《马克思恩格斯全集》，中文版，第 24 卷，第 15 页。

② 洛贝尔图斯：《资本》，第 138 页。

③ 见《列宁全集》，俄文第 3 版，第 3 卷，第 35—36 页。

配……理论”，也并没有多大价值。

我们不可能在这里进一步细谈洛贝尔图斯的利润学说。我们只指出一个毫无道理的“波美拉尼亚”观点：“租金”按原材料和加工产品的价值比例，分为利润和地租。

洛贝尔图斯企图从……“资本租金的计算方式”中引申出在“资本租金”之外“地租独立存在”[①]的结论，这种尝试也是同样没有意义的。把计算方式变成产生一个重要经济范畴的力量，即产生一定阶级的收入的力量，这就是表明对问题的理解十足地肤浅。

比这深刻得多的，是洛贝尔图斯关于在平均利润率规律发生作用的条件下商品价格规定问题的见解。这种见解，时常被评价为在马克思的生产价格理论以前发表的高见。实际上，它远没有起到这个作用。洛贝尔图斯所断言的究竟是什么呢？他说，“在各个局部，即在每个部门和分工的每个阶段，产品不可能准确地按照其中所包含的劳动量进行交换”，这首先是“因为资本利润至少具有在一切企业内平均化的趋势”。[②] 可是，这基本上只是相当清楚地复述了李嘉图《原理》中提出同一问题的第四篇和第一章的基本思想。洛贝尔图斯对它表述得比李嘉图略为明确。但他没有研究价值规律在发达的资本主义条件下所发生的形态变化，他没有详细论述价值决定商品价格同一般利润率规律的矛盾、这个矛盾运动的形式——生产价格等等问题。利润率的平均化，是同每种商品按其价值出售的情况不相适应的，这一点，洛贝尔图斯是看到

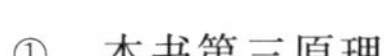

① 本书第三原理。

② 洛贝尔图斯：《认识》，德文版，第 130 页。《资本》第 8 页也谈到了这一点。

了;不过,在这方面首先摸索问题的李嘉图早已指出过这一点了,虽然他说得比较含糊。至于这里所存在的矛盾是怎样解决的,李嘉图和洛贝尔图斯都没有看出来,这是马克思第一个揭示的。

因此,不足为奇的是,恩格斯可以在《资本论》第2卷序言中大胆地建议洛贝尔图斯的崇拜者在解决生产价格问题方面同马克思展开竞赛。同样地,难怪恩格斯可以在第三卷序言中肯定,无论是洛贝尔图斯,还是洛贝尔图斯分子,甚至都无法着手解决这个问题,因为洛贝尔图斯这里所提出的看法,不仅没有包括解决问题的办法,甚至连解决问题的方向都没有指明。

洛贝尔图斯对工资理论毫无贡献。他喋喋不休地谈论轰动一时的工资"铁则",同拉萨尔争辩谁先发现这个"铁则",既没有想到早在他们二人以前很久,就有几十名英国经济学家提出过这个"铁则",也没有想到它是不切合实际的,它忽视了资本主义制度下活生生的阶级斗争的复杂辩证法。

这样,我们可以肯定,洛贝尔图斯触摸到了"流行的"剩余价值及其分配问题。我们可以表扬洛贝尔图斯的一定的功绩,即他在德国资产阶级政治经济学界比谁都最为有力地提出了这个问题。但是我们认为,在这里,洛贝尔图斯基本上也是停留在古典学派的水平上。同时,他用取自普鲁士主义教授武库的平庸的辩护论,冲淡了古典作家的明晰的猜测,反而毫无根据地自以为对剩余价值论有先见之明,这就使自己陷入荒谬可笑的境地,因为这个理论是由马克思首先发现并详加探讨过的,它绝不是几条模糊的揣测,而是构成了马克思整个经济学说的基石。

洛贝尔图斯还专门煞费苦心地详细发挥了地租学说。在这方面，与在其他一系列问题上不同，他和李嘉图背道而驰，建立了自己的、在资产阶级经济思想史上占有显著地位的特殊观点。

马克思在《剩余价值学说史》中用了上百页的篇幅分析洛贝尔图斯的地租理论，还在《资本论》中提到了洛贝尔图斯论述地租的“重要著作”。[①] 但是，除了有一些值得注意的意见和关于必须确定绝对地租的有益想法，以及对辩护性的“肥力递减规律”的言之有理但又模棱两可、含糊不清的批评以外，洛贝尔图斯的地租理论，就其基础来说，是错误的，是根本站不住脚的。

它的全部根据是这样的一个论点：在农业中，原料不列入生产费用，所以就形成了落人土地占有者手中的超额利润。关于这一点，马克思断言，洛贝尔图斯把不发达的波美拉尼亚关系所特有的计算方式变成了整个理论的基础，这简直是“弄错了”。显然，农业生产中也有原料；显然，它也是农业生产费用的一个要素。了解绝对地租的关键并不在这里。因此，马克思以充分的根据，把洛贝尔图斯创立新地租理论的尝试评为天真、幼稚、可笑的，同时他也肯定：企图不局限于级差地租，进而论证绝对地租的存在，这种尝试包含着正确的趋向。[②]

可见，在这方面，洛贝尔图斯的“幼稚的”波美拉尼亚式的尝试，也是同马克思彻底解决整个问题的杰出的地租理论有极大差别的。

洛贝尔图斯十分注重和详尽论述的另一点，是赤贫和危机问

① 马克思：《资本论》，见《马克思恩格斯全集》，中文版，第25卷，第877页。

② 马克思1862年6月16日给拉萨尔的信，见《马克思恩格斯全集》，中文版，第30卷，第624页；并见1861年5月8日给他的信，第599页。

题。在《认识》中，他几乎没有谈到这个问题，我们只是在这里很简单地提一下。

首先，洛贝尔图斯认为，整个“社会问题”都归结为赤贫和危机问题，资本主义制度的一切矛盾仅限于此。洛贝尔图斯忽视了资本主义的基础本身就带有深刻的对抗性，是无产者贫困和危机的根源，忽视了整个这一社会性生产和私人占有的制度是对抗性的，忽视了资本主义的整个剥削实质，因而武断地声称：“不言而喻，除了着眼于赤贫和贸易危机之外，没有人会从其他方面去考察社会问题。”①

究竟为什么危机会发生，赤贫现象会变本加厉呢？按照洛贝尔图斯的意见，只是由于一个原因：工人在国民收入中所占的份额下降。在这里，我们这位作者也不愿意深入一步，去看一下事实：在他如此表述的生产和群众消费之间的矛盾后面，隐藏着资本主义的基本矛盾；无产阶级的贫困化，第一，是资产阶级制度的必然产物，第二，只是资本主义全部本质的一个表现，不消灭私人占有就无法予以消除。此外，因为根据洛贝尔图斯的看法，工人在国民收入中所占份额的下降，是不断伴随着整个资本主义发展过程的（在他所建议的改良实行以前），由此就一定要得出危机经常性的结论，就一定会像西斯蒙第那样去一般地解释危机，以粉饰周期性生产过剩危机的整个现实问题。

在洛贝尔图斯看来，全部问题都归结为工人在国民收入中所占份额的下降。因此就有一个简单的医治办法：把这个份额稳定

① 洛贝尔图斯：《第一书简》，俄文版，第63页。

下来,甚至根本不必提高这个份额;只要把它稳定在当前水平上,就足以解决“社会问题”了。关键在于社会(确切些说就是普鲁士国家)颁布一些相应的“合情合理的法律”。[①]

洛贝尔图斯关于赤贫和危机的言论,包含着个别鲜明的描述和中肯的见解。这里的某些东西,听来像是对资本主义的揭露,又像是对它的批判。不过,这种批判的深度和击中要害的程度,在本质上受到了三种情况的限制。第一,洛贝尔图斯关于赤贫和危机的学说的理论基础是漏洞百出的,这个学说虽有一定的独到之处,但终究是西斯蒙第理论的新版,是以忘掉了不变资本的根本错误的“斯密教条”为依据的。第二,在这里,对资本主义的整个批判,故意不针对资本主义的根基,而是出于资产阶级空想主义思想——企图在保持资本主义基础的条件下,以巩固这一基础为目的,去克服资本主义所造成的某些后果。第三,整个学说,原来只是从理论上论证在洛贝尔图斯方案中主张由普鲁士国家颁布的空想主义的“合情合理的法律”。洛贝尔图斯关于赤贫和危机的整个学说,同他的全部理论一样,原来都仅仅是一个理论纲领,其目的是证明他在价值和收入“构成”方面的实际建议是必要的。而对于整个《认识》一书,洛贝尔图斯本人看做是“就这个问题所作的必不可少的初步研究”。[②]

我们现在就来谈这种“构成”。这里只再度强调指出,在危机理论方面,洛贝尔图斯也是同马克思相距极远的,这正是资产阶级

① 洛贝尔图斯—亚格措夫:《社会问题解说》,俄文版,第 69 页。

② 同上书,第 40 页。

的、而且是德国资产阶级的理论家同无产阶级的伟大导师和领袖的差距。

六

在洛贝尔图斯出现于经济理论界时，已经有各式各样的“价值构成”方案。它们既来自德国资产阶级社会学的代表人物，首先是费希特，又来自英国空想社会主义的营垒，即欧文、布雷、格雷等人，还来自“糊涂透顶的老年黑格尔分子”[①]采什科夫斯基，以及更加“老大”的布由尔克里，最后还来自蒲鲁东——这位作者的构成价值理论最为轰动一时，后来被马克思批驳得体无完肤。洛贝尔图斯在这里，也像在其他许多方面一样，自称首屈一指；他本来还可以自诩在蒲鲁东以前发现了“构成价值”，但无论如何，他在这方面是附和了许多前辈的。

马克思既在《哲学的贫困》中，以后又在《政治经济学批判》中，揭露了关于构成价值和劳动货币的小资产阶级空想。马克思在前一本书中批判了蒲鲁东，在后一本书中批判了格雷——这位作者的《The social system》(《社会制度》)一书，1831 年出版于爱丁堡，比《认识》早十一年——，从而早就表明了洛贝尔图斯的理论是完全站不住脚的。这里的问题在于，除了劳动时间这个价值的内在尺度以外，必然会出现价值的外在尺度，即从商品经济关系的整个

① 这是恩格斯的评语。见恩格斯 1882 年 1 月 25 日给伯恩施坦的信，见《马克思恩格斯文库》俄文版，第 1 卷，第 304—305 页。

发展过程中成长起来的货币。可是,如马克思所说明的,格雷和随后的洛贝尔图斯“反而去空想商品能够直接当作社会劳动产品而相互发生关系”。[①] 同时,格雷还认为,“产品必须作为商品进行生产,但不应作为商品进行交换”。

洛贝尔图斯提出了同样的主张。他以《认识》的第五原理和此后一些著作的许多篇幅发表了这样的议论:可以而且应当发行一种证明劳动消耗的简单票券,用以代替货币。每一个把产品提供给流通领域的人,都可以领到这种票券,而每一个人也都可以用这个票券换取他所需要的等量劳动的任何一种其他产品。因为对每一项生产出来的价值都开具相应的凭证,所以票券总额等于现有价值总量,计算结果应当是准确无误的。

同时,洛贝尔图斯认为有两个方案可行。保证价值构成的票券体系,既可以在不存在“产生租金的所有权”的制度下建立,也可以在存在这种所有权的制度下建立。在前一种情况下,按生产者所消耗的全部劳动量给他开具票券,整个流通过程完全像格雷和蒲鲁东所描绘的那样一幅情景。但洛贝尔图斯更感兴趣的是后一种情况,他认为这是最近几百年内唯一现实的状况,他的全部观点都倾向于此。在这种情况下,“劳动者得不到他们实际消耗的全部劳动量的证明,而只是领得其中一部分的证明,这一部分是他们应当以实际工资形式从产品价值中取得的。例如,这一部分等于⅓,则在工作日长达十二小时的情形下,劳动者从企业家那里不是领

① 马克思:《政治经济学批判》,见《马克思恩格斯全集》,中文版,第13卷,第75页。

取全日的工资，而只是领取四小时的工资。其余八小时的货币价值会留在资本家和土地占有者手中，他们从中获得自己租金的拨款凭证。”①

洛贝尔图斯的“价值构成”方案的特点，在这里表现得一目了然。洛贝尔图斯与格雷、蒲鲁东等人如出一辙，首先是，完全不了解劳动的二重性，不了解价值根本不可能决定于用在商品制造上的具体劳动的消耗，即个别劳动时间。只此一端，已足以使整个理论显得极不符合商品生产和资本主义生产的实际规律，使它集紊乱之大成。很容易想象，洛贝尔图斯的法则一旦实施，就立即会使天下大乱。

洛贝尔图斯还与他的“价值构成”论的同伙一样，幼稚而荒谬地认为，有可能在资本主义生产基础保持不变的情况下，使资本主义流通发生根本的变革，实质上就是说，有可能在保持商品生产的条件下消灭商品交换。

洛贝尔图斯还和蒲鲁东等人持相同的反动透顶的观点，认为可以建立协调的商品经济，可以在保持不变的商品生产的基础上达到经济协调。可是，商品生产的实际矛盾，显然使任何协调都无法存在，使资本主义对抗性变本加厉。

此外，洛贝尔图斯还给关于构成价值和劳动货币的整个学说增添了自己的独特的内容。这个独特之处是：第一，洛贝尔图斯不仅打算保持商品生产的基础，而且要保持整个资本主义剥削制度。洛贝尔图斯竟建议在剥削率达200%的基础上，在对工人的十二

① 洛贝尔图斯：《认识》，德文版，第171页。

小时劳动支付四小时报酬的基础上，建立经济协调关系。这可以说是他对无产阶级深恶痛绝的观念的最高表现。在这里，洛贝尔图斯以特有的资本主义式的厚颜无耻，区别于主张劳动货币的小资产阶级理论家。迫使工人以十二小时的劳动日领取四小时的劳动券，自然而然地从工人手中攫取其所创造的 2/3 的价值，交给资本家和土地占有者，并且把这种做法描述为进入某种理想的境界，描述为解决社会问题和满足无产阶级的需要，这就是把小资产阶级的构成价值空想变成对无产阶级进行资本主义奴役的直接工具。如果说，洛贝尔图斯描绘了不存在"产生租金的所有权"时使用劳动券的情况，乃是关于"构成"的缺乏经济常识的一种无稽之谈，那么，洛贝尔图斯提出了对他有代表性的、使他的观念与众不同的第二种情况，就是以在理论上升华了的语言，直截了当地表现了资本主义剥削的野蛮残酷。这里的空想主义带有露骨的反动性。洛贝尔图斯希望防止无产阶级在国民收入中所占份额的下降，克服赤贫和危机，以此向无产阶级施恩，但他除了保证无产阶级得到自己的⅓产品以外，便不肯再作更慷慨的表示了。"只有波美拉尼亚的骑士领主才能设想，工人阶级会同意为了四小时的票券而工作十二小时"①。

洛贝尔图斯的"构成"的第二个特点，是同样具有代表性的。这就是：它的一切实施，完全委托给国家，根据有关的法律和官方措施去办理。妙不可言的是，洛贝乐图斯把自己的改良描绘为对一切阶

① 恩格斯：《〈哲学的贫困〉德文版序言》，见《马克思恩格斯全集》，中文版，第 21 卷，第 218 页。

级特别是对无产阶级的恩赐，却又害怕无产阶级掌握任何主动，发挥任何积极性。理应实现价值构成的，就是普鲁士君主政体。洛贝尔图斯不仅一般地主张君主政体和“君主社会主义”(例如，见1870年12月22日给梅耶的信)，号召成立一个社会保守党——“君主的、民族的和社会的”政党，仇视无产阶级的革命运动，甚至于欢迎镇压罢工的暴行(见1871年8月4日的信)，而且，他把自己的全部具体建议和毕生的主要思想都献给了普鲁士君主政体。

这样，我们就看到了“价值构成”的一个最保守、最反动的方案。它在理论上比起其他各方案来毫无优点；相反地，“在他的竞争者中间还找不到一个人敢于以这样幼稚天真、透彻明净、可以说道地的波美拉尼亚形式说出关于劳动货币乌托邦的痴话。”①在政治上，这是一个最反对无产阶级的、恬不知耻的反动方案，是一个某些“社会主义的”调子同露骨的剥削者的残暴基调交响共鸣的方案。

这一切，已经足以概括洛贝尔图斯的观念。“这个人在经济学方面毫无贡献；他**很有才能**，但始终是一个**半瓶子醋**，而首先他是一个极端愚昧的波美拉尼亚人，一个妄自尊大的普鲁士人。他的成就充其量是有**一些**巧妙的正确的论点，但是从来不会运用。一般说来，一个正直的人怎么可能有这样的遭遇，即被推崇为俾斯麦名利社会主义者的福音呢？这就是历史对这个靠人工吹捧起来的‘大人物’的惩罚。”②

① 恩格斯：《〈哲学的贫困〉德文版序言》，见《马克思恩格斯全集》，中文版，第21卷，第214页。

② 恩格斯1884年5月23日给考茨基的信，见《马克思恩格斯全集》，中文版，第36卷，第150—151页。着重点是引者加的。

七

我们无法在这里全面考察洛贝尔图斯死后他的观点被发挥和利用的情形。我们只略谈几点。

洛贝尔图斯的体系是德国资产阶级政治经济学发展的合乎规律的产物，是一系列庸俗经济理论流派和资本主义政策实践的出发点和给养站。

替洛贝尔图斯的观念捧场的，有“讲坛社会主义者”瓦格纳、谢尔等人，有“社会保守党人”梅耶，有“国家社会党人”，还有十九世纪末德国庸俗经济学界为数众多的具有各种头衔的代表人物。他们都或多或少醉心于洛贝尔图斯，像魏尔特那样为他吹捧。魏尔特写道：“全体国民，从他们的头号官吏直至最后一名工人，都应成为洛贝尔图斯的学生。只有洛贝尔图斯才是能够继承俾斯麦的创举、保证复兴的德意志国家具有前途的一位导师。”[①]他们全都极力利用此人的理论进行辩护，他在自己的著作中把古典学派的论点同流行的普鲁士主义科学教条结合在一起，把彻头彻尾的资产阶级意图同社会主义的辞藻结合在一起，把经济研究者的视野同正合庸俗经济学家心意的波美拉尼亚地主的鼠目寸光结合在一起。

洛贝尔图斯的学说，实质上是关于实施防患于未然的改良的学说。这个学说曾经屡次受到40—60年代资产阶级公众的冷遇，

---

① 魏尔特：《俾斯麦、瓦格纳、洛贝尔图斯、李斯特》，1883年德文版，第379页。转引自贝纳茨基著作，第273页。

只是由于无产阶级的伟大阶级搏斗,首先是由于第一国际和巴黎公社,它才露出锋芒。当德国的形势发展到颁布反社会党人特别法的地步,人们就很合时宜地想起了亚格措夫的思想家,因为他以前就思索过怎样消除无产阶级的革命运动,并且在他的理论实验室里制作了防止"小市民"起来斗争的抗毒剂。

"社会政策"成了最时髦的概念。有许多经济学家,虽然没有自诩为洛贝尔图斯的门徒,没有根据他的论点,而主要是根据我们上面简单提到的德国资产阶级和德国资产阶级经济学界的一般愿望行事,但也本着类似洛贝尔图斯的精神,提出了许多问题,例如,谢夫勒的著述就是如此。

其次,洛贝尔图斯是资产阶级政治经济学中所谓社会学派的一个先行者。社会学派是现代庸俗经济学影响最大的变种之一。在九十年代通过斯托尔滋曼的著作抛头露面的社会学派,吸取了洛贝尔图斯的许多思想,特别是他的一般哲学观点和方法论:把社会看作一个有机的整体,把国家突出起来,断言经济从属于法律等等。大家知道,社会学派本身又酝酿了构成法西斯主义政治经济学的基础的一整套论点。

另一方面,德国资产阶级经济学中同洛贝尔图斯体系合流并在其中得到反映的各种趋向,通过凯特勒、维赫恩等人的"基督教社会主义",发展到"天主教社会纲领"的作者穆方格和基特泽,而在"新教派"方面则发展到洛贝尔图斯的痴心崇拜者多德特和反犹太人运动的领导人、被希特勒直接引用的法西斯主义前辈之一什特凯。在什特凯办的刊物《Staatssocialist》(《国家社会主义者》)中,洛贝尔图斯的思想影响不时有所表现。自然,不能认为洛贝尔图斯是什特凯及其集团——它提供了以后被法西斯主义利用的某些理论武器——在精神上的嫡系先辈。但是,在上面简单地探索过的一般社会学和理论经济学根源方面,在社会基础方面,在研究问题的范围方面,以至就洛贝尔图斯的一系列思想对刊物《Staatssocialist》的工作人员的直接影响来说,什特凯都是和洛贝尔图斯惟妙惟肖的,这是毫无疑问的。[①]

洛贝尔图斯的观点也反映在德国政府的政策声明中。第一,这是通过施泰因和洛贝尔图斯两人的崇拜者瓦格纳反映出来的。他在七十年代成为俾斯麦的亲密同伙和德意志帝国的主要经济决策人之一。洛贝尔图斯特地同瓦格纳交往,在给梅耶的信里屡次提到这种联系。第二,在奥托·俾斯麦"本人"的言论中,也可以看到与洛贝尔图斯很接近的某些思想。如今为德国法西斯主义所津津乐道和一味标榜的独特的俾斯麦主义,确实是与洛贝尔图斯形影不离的。

对洛贝尔图斯的吹捧和对他的学说的标榜,也远及德国国外。其中,典型的俄国资产阶级经济学家、立宪民主党的教授和黑特曼的部长杜冈—巴拉诺夫斯基就强烈地反映了洛贝尔图斯在俄国的影响。

在这个时期,庸俗经济学所面临的特殊社会使命,是贬低、阉割和"驳倒"马克思体系,这就特别加深了"对洛贝尔图斯的迷信"。恩格斯认为,对洛贝尔图斯的迷信,"多半是……由于非共产主义

① 顺便指出,洛贝尔图斯本人也有反犹太人思想,在他同梅耶的通信中,有好几处流露出来。

者企望找到一个同样不信仰共产主义的马克思的对手”。[①]

资产阶级“科学界”反对马克思的斗争，它对科学共产主义体系的攻讦，庸俗经济学界一切看家狗的狂吠，都包括一个组成部分，就是“对洛贝尔图斯的迷信”。

这种情况，在社会民主党内部机会主义者队伍中得到了独特的反映。在八十年代，社会民主党的报刊开始进行一系列的讨论：是马克思还是洛贝尔图斯？机会主义者试图“摆脱”马克思这个公认的社会民主运动创始人，而代之以对机会主义者称心万倍的洛贝尔图斯。[②]

即使那些没有宣扬以洛贝尔图斯代替马克思的社会民主党理论界代表人物，也没有对洛贝尔图斯体系作出正确明晰的评论，而是粉饰它，掩盖它的资产阶级普鲁士主义特征。普列汉诺夫在他的巨著中就是这样做的。[③] 考茨基也是如此，他进一步地对洛贝尔图斯作了不符合事实的评价。[④]

普列汉诺夫在早期（1882 年）论洛贝尔图斯的著作中提出了

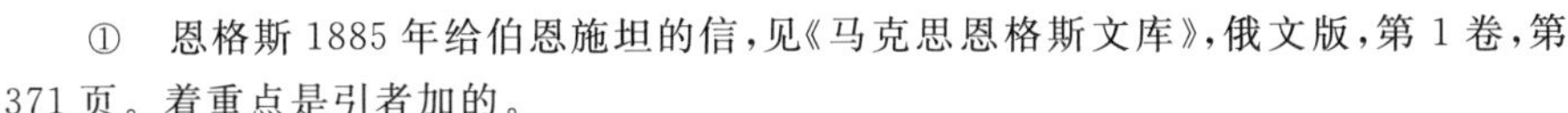

① 恩格斯 1885 年给伯恩施坦的信，见《马克思恩格斯文库》，俄文版，第 1 卷，第 371 页。着重点是引者加的。

② 这一系列讨论，反映在下述论著中：希帕尔：《英国社会主义的历史基础》（评亨迪曼著作），见《新时代》，1884 年，第 7 期；考茨基：《洛贝尔图斯的〈资本〉》，见《新时代》，1884 年，第 8—9 期；C. A. S.（施拉姆）：《考茨基和洛贝尔图斯》，见《新时代》，1884 年，第 11 期；考茨基：《一次答辩》，同上；施拉姆：《答考茨基先生》，见《新时代》，1885 年，第 5 期；考茨基：《结束语》，同上；施拉姆：《马克思、洛贝尔图斯、拉萨尔》，1885 年版；伯恩施坦：《一个道德批评家和他的批评道德》，见《社会民主党人》，1886 年，第 4—7 期。

③ 普列汉诺夫：《洛贝尔图斯的经济理论》，克拉斯诺达尔 1924 年版。

④ 见考茨基四篇论洛贝尔图斯的文章，见《考茨基文集》，第 1 卷，国家出版局 1928 年俄文版，第 269—348 页。

一些有益的想法。但整个说来,他在说明洛贝尔图斯体系时,对它一味粉饰,并且毫无道理地把它同马克思主义扯在一起。

在他的著作中,一开始就肯定:"有充分理由,把洛贝尔图斯列入一批卓越的、为数不多的经济学家。这个行列因马克思、恩格斯和拉萨尔的声名而显得十分出色。"[①]这里,问题当然不在于把洛贝尔图斯当作一个大经济学家,而在于他被普列汉诺夫纳入一个特定的"行列",照普列汉诺夫的想法,这就是科学社会主义创始人的行列。普列汉诺夫还随即声称:洛贝尔图斯的见解"很接近极端主义政党的学说"。[②]

普列汉诺夫从这种论点出发,当然不可能彻底揭露把洛贝尔图斯奉为比马克思有先见之明的作家的资产阶级神话。有一种显然荒诞无稽的谰言,说马克思取经于洛贝尔图斯。普列汉诺夫反对这个说法,可是他仅限于指出:"洛贝尔图斯、马克思和恩格斯是同时出现于著作界的",而且,他们主张的"理论诚然有很多共同点,但也有很多分歧"。[③] 普列汉诺夫没有着重说明,洛贝尔图斯所得出的结论是与马克思的论点截然不同的,并且在科学性方面低得无可比拟;普列汉诺夫掩盖了一个最重要的事实:洛贝尔图斯的理论具有与马克思的理论不同的阶级性,因而这里实质上不可能有"很多共同点"。

这也就决定了普列汉诺夫对洛贝尔图斯某些论点的分析的整个性质。首先,他广泛宣传这些论点,用它们去充实马克思主义对

---

① 普列汉诺夫:《洛贝尔图斯的经济理论》,第 17 页。

② 普列汉诺夫:《洛贝尔图斯的经济理论》,第 17—18 页。

③ 同上书,第 20 页。

资本主义的批判。其次，他始终对其中表现出的辩护性论调熟视无睹。他避开了洛贝尔图斯的最露骨的诡辩，而这些诡辩恰好是洛贝尔图斯体系的极其典型的特征。

一方面，普列汉诺夫为这个体系涂脂抹粉，无视洛贝尔图斯的整个混淆是非的唯心主义手法，声称在价值和剩余价值理论方面洛贝尔图斯是古典派真正的学生，不仅牢固地把握着劳动价值，[①]甚至还摸索到了古典派的“弱点”；[②]在这里以及在其他方面，普列汉诺夫都忽视了或者不重视恩格斯所一语道破的洛贝尔图斯言论的庸俗性、辩护性和“波美拉尼亚”特征。另一方面，普列汉诺夫在接受洛贝尔图斯的观点时，既超越了德国资本主义的发展和相应的德国资产阶级政治经济学史（唯有在这些背景之下，才能了解洛贝尔图斯体系的阶级本质），又超越了马克思、恩格斯在分析洛贝尔图斯的观念时时刻注意到的具体阶级斗争状况。

因此，难怪普列汉诺夫终于无法对洛贝尔图斯的观点作出阶级分析。他时而几乎把洛贝尔图斯描述为一个无产阶级思想家，把他同马克思、恩格斯纳入同一个“行列”，时而强调指出，洛贝尔图斯“不是把自己的视野仅仅局限于上层阶级的利益”，[③]时而又把他评为土地占有者的代表。[④]

最后这一种评语也掩饰了问题的实质，把洛贝尔图斯变成了无产阶级同资产阶级全面展开的阶级斗争中和德国资产阶级政治

① 普列汉诺夫：《洛贝尔图斯的经济理论》，第 166 页。
② 同上书，第 20 页。
③ 同上书，第 189 页。
④ 同上书，第 158 页。

经济学发展中的“侧面人物”。

同马克思、恩格斯给予洛贝尔图斯的精确评价对立得更加厉害的是考茨基的论述。考茨基尽管有时把洛贝尔图斯的“社会主义”放在引号里，但在关键性的地方，径直称洛贝尔图斯为社会主义学派的创立者，认为他那一派就是社会主义派，承认他是“共产主义者中的共产主义者”（虽然又把他评为这个队伍中的“三等人物”）。考茨基还把洛贝尔图斯评为“保守的空想主义者”和土地占有制的阶级利益的代表人，硬说他仇视资本，甚至“向资本进攻”，努力“推翻资本”。考茨基一面嘲笑洛贝尔图斯的一系列论点，一面却赞同他的若干最突出的观点（例如，他同意，“如今，在劳动领域内，占统治地位的无疑是共产主义”，也就是赞成洛贝尔图斯的共同性学说），而且还把“成功地批判了现代生产方式”也归功于他。总之，考茨基围绕着洛贝尔图斯问题摇摆不定，没有正确地揭露洛贝尔图斯理论的各项论点，也根本没有遵循恩格斯所展开的杰出的批判。①

普列汉诺夫和考茨基的言论，是对洛贝尔图斯作出了典型的社会民主党人的评价，即彻头彻尾机会主义的评价，掩盖了马克思和洛贝尔图斯之间的对立性，粉饰了亚格措夫的思想家的观点。

可是，直到不久以前，普列汉诺夫、考茨基对洛贝尔图斯的评论的遗风还在我国著作界盛行。例如，它完整地、而且以**十足的**庸俗论形式表现在李亚申柯的《经济学说史》中、孟什维克鲁宾的论著中、尼基京的专题小册子中以及其他一系列著作中。只有最近

① 《考茨基文集》，第1卷，第269—270、283、285、312、339、343页。

发表的少数几篇文章[①]，才是为克服这种有害的遗风而写的。

同这种遗风作斗争，可以而且一定要遵循伊里奇的卓越指示。弗·伊·列宁同普列汉诺夫、考茨基之流粉饰洛贝尔图斯的做法相反，从自己的早期著作起，就开始揭露洛贝尔图斯，揭露他的分配理论（见《俄国资本主义的发展》）、危机理论（见《评经济浪漫主义》）、租金理论（见《俄国社会民主党的土地纲领》）。

列宁出色地说明了洛贝尔图斯理论结论的价值。他在分析国民收入问题时着重指出："洛贝尔图斯对这个问题也没有提供什么"，接着，列宁在引述洛贝尔图斯关于国民经济科学应在有关章节中说明什么问题的意见时肯定地说："虽然真正的科学应当指出这一点，可是洛贝尔图斯的'科学'却丝毫也没有指出这一点。""说要对国民产品分配问题作出完整而卓越的新理论的诺言不过是一句空话而已。"[②]

列宁详尽地阐明，由于接受了在国民产品分配问题上的错误的斯密教条，洛贝尔图斯分析危机的一切道路全被堵死了。[③] 列宁同时发现了洛贝尔图斯搬用西斯蒙第的消费不足论，[④]并且彻底揭露了这个理论。

列宁在好几个地方揭露了洛贝尔图斯的地租观点，强调说明

① 贝克：《岂能如此评述洛贝尔图斯》，《在马克思主义旗帜下》杂志，1931 年，第 9—10 期。莫尔恰德斯基：《反对像考茨基、普列汉诺夫那样替洛贝尔图斯辩护，把洛贝尔图斯马克思化》，《在马克思主义旗帜下》杂志，1932 年，第 1—2 期。

② 列宁：《俄国资本主义的发展》，见《列宁全集》，中文版，第 3 卷，第 40—41 页。"一句空话"四字的着重点是引者加的。

③ 列宁：《评经济浪漫主义》，1960 年中文版，第 12、35、37 页。

④ 同上书，第 16、31 页。

了“这位波美拉尼亚地主理论的全部局限性”，[①]指出了“洛贝尔图斯的理论没有丝毫的历史主义气息，也没有丝毫的历史现实性”，它是建立在“这位波美拉尼亚地主的错误计算”[②]的基础上的，其论点是“片面”的。[③]

最后，列宁对洛贝尔图斯的资产阶级普鲁士主义论点作了一针见血的概括，说明了他在理论上自命不凡是毫无道理的，他同马克思之间存在着深刻的对立。列宁在评论马斯洛夫时写道：“在地租问题上，把洛贝尔图斯同马克思相提并论，这就是十足的无知。”[④]这不仅适用于马斯洛夫，也不仅适用于洛贝尔图斯的地租理论而已。

最近，在资产阶级经济学家和政治家的论著中，不经常提到洛贝尔图斯。但庸俗经济学界现在还是利用他的论点来替资本主义辩护，同天才的马克思列宁主义理论对抗。这并不是说，现代庸俗经济学及其各种流派——从法西斯主义的最新理论花招到社会民主党人的著作——都是与洛贝尔图斯并驾齐驱的。洛贝尔图斯是一个眼光敏锐的资产阶级理论家，他不仅利用了十九世纪上半叶德国资产阶级经济学的成果，而且利用了古典派的成就，因此仍然高于腐朽资本主义的可怜的庸俗经济学。资产阶级理论经济学的这个有才华的代表人，是不能同不登大雅之堂的诡辩论者相提并

① 列宁：《社会民主党在俄国第一次革命中的土地纲领》，见《列宁全集》，俄文第2版，第11卷，第375页，此处列宁手稿中接着说：马克思“列举了他（指洛贝尔图斯。——引者）蠢笨的种种表现”。

② 《列宁全集》，俄文第2版，第12卷，第271页。

③ 《列宁全集》，俄文第2版，第4卷，第192页。

④ 《列宁全集》，俄文第2版，第11卷，第398页。

论的。后者拾取了洛贝尔图斯观点中的最不科学的、资产阶级普鲁士主义的、“波美拉尼亚式的”东西。不过,庸俗经济学决非偶然地广泛应用了取自洛贝尔图斯的论点,直到如今还利用他的一些理论武器。洛贝尔图斯的原理,恰好适用于以庸俗经济学观点替资本主义辩护,适用于反对马克思列宁主义,反对无产阶级革命和无产阶级专政。这些原理恰好倾向于此。所以,了解洛贝尔图斯体系,对它加以分析批判,揭露反马克思主义的“对洛贝尔图斯的迷信”和资产阶级就此所作的恶毒诽谤,乃是当务之急。这是马克思列宁主义者在理论战线上必不可少的一项任务。用科学共产主义的武器粉碎洛贝尔图斯的“原理”,这是当前同腐朽资本主义的庸俗经济学斗争的一个必要组成部分。

作 者 前 言

本书及其他两部书的目的，是要帮助人们认识和治好现行时期国家经济的种种弊病。所有的人，贵族和平民，一心复古的人们和热爱现在或未来的人们，那些认为国家经济如今已经登峰造极的人们和那些未必认为今日国家经济符合科学的人们，无不承认这些弊病的存在。不过我觉得，大家都偏重于注意这些疾病的表面现象、症状，如赤贫、生产过剩等等，而较少去认识其本质和毒根。这个毒根，我将在第二部书中努力加以阐明。

为数很多的治病方案是众所周知的。其中，有些方案漠视现代法学思想的一切成就，无异于主张奔回中世纪，有些方案则又企图以令人头昏目眩的猛跳，把我们突然带进完全脱离现实的境地。还有人提出一种"劳动组织"；可是这还只是一句空话，所以很难说它指的是什么。而我，至少十分了解我自己准备在第三部书中提出的治疗方法。同时，这种方法不走上述极端：它并不无视当前的社会状况，而是把它当作一个在历史上有根据的必要前提；同时它又极少触动地产和资本所有权，而是向二者提供崭新的基础，减轻它们的负担。

然而，迄今参与探求当今医治弊病的人们，都不去致力于重新修正我们这门科学的原理。他们因袭现代理论所创立的原理。我感到，这样一来，他们就同样产生了许多误解，有碍于认识和医治这些弊病。我至少发现，在我的研究工作中，遇到了一些观念和学说，它们虽在科学界几乎被奉为信条，但我仍然觉得它们最不可信。因此，在这第一部书中，我不得不来证明几个抽象的原理。这些原理违背了一般的观点，可是却构成了我的实际建议的必不可少的理论基础。诚然，这些原理同实际建议的联系，只有在第三部书中才能一目了然。但是，在经济学方面有修养的公众，因而更可以不抱成见地检验这些原理。在这里，人们也许可以相信：这些原理是经过深思熟虑的；它们在这里自成段落，但并不曾如此孤立地加以研究，而是出于对整个国家经济领域的与众不同的观点。也许人们还会证明，即使我一时迷误，但毕竟没有草率地对待这样困难的论题。

一

一切经济财货都以劳动为代价，并且仅以劳动为代价。

为了证明这个原理，我必须先提出两个论点。

第一，我只把物质财货包括在经济领域之内。实质上，每个经济理论家都是这样做的，尽管有人在自己的著作中一开始想证明这里也包括非物质财货，但在以后的论述中就不再提到它了。此外，按照那种人的观点推论，如果愿意精心钻研，就不应该去写国家经济，而应该去写政治，写最广义的政治；又如在研究实业科学时，也必须考察法学和神学，以及农业和工艺学。可是谁也没有发现有人企图这样做。正因为如此，即使在这种错误观点被萨伊大加宣扬的法国，也不得不再次把"货殖学"列为一种专门的学问，而货殖学正是一门经济科学。可以说明一下，这种错误观点实际上是怎样产生的。众所周知，重农主义者所谓的生产性是指什么。亚当·斯密指出，"他们使用这个词，含义是不正确的"，虽然如大家所知的，斯密并没有从实质上驳倒他们。他是根据这个词的语法意义去证明这一点的，因为按其语法意义，它可以同样地既适用于工业劳动、运输业劳动，又适用于农业劳动。但是，斯密当时显然是认为，不言而喻，在经济科学中，只能谈论财富的特殊对象。

然而，他的门徒却沿着这条纯粹从语法上解释概念的道路走得更远了，他们进而反对斯密，证明（以他反驳重农主义者的那种理由）他使用这个词，含义也是过分狭隘的。不过他们从来没有反躬自问：这样一来，是否每种有效的活动、即具有有用成果的活动都成为经济活动，而其成果都成为经济对象了呢？而这个问题正是全部症结所在。在萨伊的著作中，这个一鸣惊人的 petitio principio（预期的原理）是毫不含糊的。每逢他证明各种有用的活动都具有生产性的时候，他总要加一个注释："可见，威里伯爵说公爵、官员等的活动不直接包括在国民经济学研究对象的范围内，这是不正确的。"且看，原来并不是生产和产品这两个概念的语法意义决定着国家经济的范围；这一点，至少是需要加以证明的。

第二，我认为，"有用的物品"、"具有价值的物品"[①]和"财货"，不是同一的概念。因为不宜在这里全面论证这个断言，我只需分别解释一下这几个不同的概念。

所谓"有用"，我是指人所公认的某件物品可以用作达到某一目的的手段的这种性能。"有用"具有完全客观的基础，这个基础在于物品的具体性能，而根本不以人的主观认识为转移。因此，"有用的物品"就是被公认为具有这个客观基础、能够以一定的方式用作某种手段的物品。这些物品本身再也不是什么别的东西。人是否真正抱定某一个目的，而这些物品就其客观性能来说恰能用来达到此目的，——这从上述概念中无法判断。这一点只是在"具有价值的物品"的概念中才第一次表现出来。因而，人这时真

① 不言而喻，我这里指的只是所谓使用价值。

正抱定一个目的，只有借助于对此有用的手段，才能达到这个目的，于是他就进入一种似乎从属于物品的状态。这种状态叫做需要；物品只是作为一件满足需要的东西，才获得那种称为“价值”的意义。价值不是物品的质量，而是物品的一种 status（状况。——俄译本校者），物品处于这种状况，是由于对它的客观性能的需要。可见，“具有价值的物品”是比“具有效用的物品”* 较狭义的一个概念。“具有价值的物品”的数量由需要来决定，“具有效用的物品”的范围也只不过是这个由需要决定其数量的活动场所。人的认识自由只是从具有价值的物品开始的，因为目的的决定——需要只是随目的而产生——以人的意志为转移。但是，“具有价值的物品”本身又无非就是需要的有用之物。这些物品要成为财货，必须处于一种在实际上直接被人支配的状态。这种状态使人可以用它们来达到既定的目的，它可以叫做经济占有。“财货”是被占有的“具有价值的物品”。“财货”世界与“具有价值的物品”世界的关系，同“具有价值的物品”与“有用的物品”的关系一样。人的认识使“有用的物品”成为“具有价值的物品”；同样地，人的活动使“具有价值的物品”成为“财货”。财货除了自己独有的特征——被占有——以外，还必须含有、也确实含有效用和价值的特征。要使财货不再脱离财货世界，它的这三个特征是缺一不可的。如果一件物品沉入海底，它就不再是财货了，正像一旦永远不再需要它，或者它的客观效用被消灭时，它也就不再是财货了一样。

正确地阐明“经济”这个概念，才能确证上述两个论点。阐述

* 即“有用的物品”，下同。——中译者

“经济”，也就是开始证明我们的原理。

经济就是以尽可能更好地满足需要为目的的现有财货的管理。把经济仅仅说成是争取达到这个目的的一种“努力”，是不够的。一无所有、偶尔摘取果实的人不是在经营，而是在劳动。只是在他已经握有加工制造出来的东西时，才开始有经济。这时，他可以精打细算，也可以铺张浪费；他在力争达到经济目的时，或者一帆风顺，或者情况不妙。这里不宜更详尽地论证这个概念的界限，可是不难证明，每种真正的经济活动，为什么只能用现有财货的管理这个概念来加以概括。而在经济领域自然地划分为生产经济、国家经济和消费经济或家务的时候，这个界限就显现了出来。

但是，正如这个界限能对经济财货的物质性提供新证据一样，这种管理的合理依据可以证明：在物质财货之中，只有以劳动为代价的财货才是经济财货。

人如果毫无需要，因而不要任何财货来满足需要，或者财货取之不尽，用之不竭，无需人的努力，直接供人使用，如同空气和阳光那样，那么，人就不会去肩负经营管理的重担。在后一种情况下，何必还要去管理那些从来就存在，而且永远存在的源源不绝的财货呢？这种管理，就像对空气和阳光的经营一样，是不需要的。但是，自然界直接赋予人类、人只要施展其机体的功能就能加以使用的物质财货，为数极少。几乎所有的财货最初都不是这样直接供人使用的，只有通过人的活动才能供人使用。诚然，这种活动具有不同的强度。它从最简单的猎取、简单的伸手摘果或搬取石块直到用蒸汽机进行最复杂的工作。可是，这种活动必然表现于最初不是自然而然地直接供需要者使用的一切物质财货之中；其次，这种活动就其本性来说，在它的各个不同阶段都是同一的，因为它随时随地都是使人的精力和人的时间服从和适用于占有一定物品的目的；因此它随时随地都是牺牲和抑制自己的主观意志；总之，它随时随地都是劳动。

于是，这里有目共睹的，是经营管理的唯一的合理基础。须知，人有无穷无尽、日新月异的种种需要，只有那些还没有被人占有的物质资料才能予以满足。那些物质资料往往还不完全具备应有的客观效用，并且在满足需要的过程中就要不断消耗掉。为了掌握这种物质资料，人最初除了有限的精力和有限的时间以外，一无所有。可见，在人的无穷无尽、永不知足的愿望和人的劳动之间，一开始就自然地存在着何等不相适应的状况呵！人需要做多少工作呵！人的自由何能滥用：他要管理这种劳动的果实，务求达到劳动所抱的目的，而不苛求劳动的完善。如果在行将最后达到目的时发现，朝着这个目的，跋涉了一段崎岖的道路，结果竟是枉费心机或几乎徒劳无功，那么，上述不相适应的状况就会变本加厉。可见，各种经济的基础就在于此。既然这种为人谋福利的管理之所以必需，只是因为有上述种种依据，因此这种管理只是在那些依据确实存在的地方才必需，换句话说，经济的基础也决定着经济对象的界限。只是在两种情况下，经济财货的这个限度才不再成立，那就是：一、无需人进行任何活动，财货在消费之前就处于直接供人使用的状态；同时，二、财货如此之少，因此人才不得不加以管理。但是，这样两类财货是不存在的。因而经济财货只是以劳动为代价的财货。

除劳动之外，财货再没有任何其他东西作为它的代价，或者

说，劳动是财货产生过程中可以从财货价值的角度加以指明的唯一因素。只需了解“作为代价”这个概念。它比“要取得一件东西，必须有另一件东西”那种简单说法包含更多的意思。其中重要之点有二：一是有所消耗，这项消耗因此再也不能他用；二是由一个主体付出这项消耗，一旦付出，就肯定再也收不回来。后一种情况说明，某种东西只能由人付出代价。

人为占有物质财货而消耗的劳动，完全符合上述概念的这两个标志。财货本来全部或一部分没有被人占有。如果财货已经具有完备的客观效用，则财货是在自然界中；如果这种客观效用还不具备，则财货一部分存在于自然界中，一部分寓于精神世界之中。所以自然界好比只是材料的仓库，精神世界则是人赋予自然界的各种形态的仓库。应当认为，两个世界都是有经济内容的，都是实际存在的。只有人及其劳动同这两个世界的富有或贫困相抗衡。无论如何，要从自然界获取有用之物，或者要把散处于自然界和精神世界中的各个组成部分合而为一，并且占有它们，劳动的消耗是绝对必需的。总之，要制造财货，必须消耗劳动。但是，每种财货所需的消耗，不可能重复用于任何别的财货。其次，除了人以外，其他任何动物都不会感觉到这种消耗，因为它就是人的精力和人的时间，而这二者都是有限的，同无穷无尽的财货恰恰相反。

再次，如果财货无疑地要人以所消耗的劳动作为代价，那么，在财货产生的过程中，除劳动以外，没有任何其他东西同人保持这种关系，即可以说，人要获取财货，必须以此“作为代价”。的确，不能否认，要生产财货，还必须也应当有另一种东西发生作用。还必须有自然界赋予的材料；如果物品的客观效用在自然界中尚不完备,还必须有创造客观效用的思想,而思想是精神世界提供的。具体地说,在生产过程中,自然界和精神世界都在发生作用。前者替劳动服务的自然力量促使物质发生变化或被人占有,后者经常给劳动指明道路。然而,在这两方面,自然界和精神世界的作用,都不完全符合“价值”的标志。精神世界参加生产,在任何时候都不是什么消耗。它赋予财货的思想,如同它对劳动的指导一样,在其使用过程中,是无可限量的,是不会耗尽的。两者在发生作用前后都毫无变化。当自然力量在生产中积极活动时,这一点也适用于自然界。在这方面,自然力量同样是无穷无尽的:把谷物所需的一切物质联结在一起的力量,总是伴随着这些物质。诚然,自然界供给某一种财货用的材料,在一定的某段时间内不可能用于另一种财货。然而,如果根据这一点就谈论价值,势必要把自然界变成人的化身,从而来谈论它的价值。材料不是人为获取财货所付出的消耗;而财货的价值只是这种消耗所具有的价值。

还应当反驳几个异议:

第一,有人会持异议说:森林提供制造工具的材料,田地在每次收成时都要献出许多物质,因而逐渐变得贫瘠;森林或田地的占有者,即在这种情况下还没有发生任何劳动消耗的材料的占有者,有权利说:对于用他的森林的木料,经过砍伐、刨削等劳动制造出来的财货,或者对于经过耕种田地,从土壤里含有的原生物质中生长出来的财货,他除了付出这种生产劳动作为代价以外,还付出了材料本身作为代价,因为这个材料一旦用于一种财货,就不可能再用于另一种财货,所以构成了由他这个占有者负担的消耗。然而,从经济学角度看,这个异议是虚构的,因为正当的权利关系在此竟变成了国家经济的基础，虽说，只有在这里适用的自然关系才配起这个作用[①]。误解出于“占有者”一词。人们认为，一片森林或一块土地的(法律上的)所有者仅以他的这种身份就已经拥有木料或原生物质，或者说，材料和原生物质已被占有既是法律事实，因此不经过本来需要的劳动，其本身自然就是这个所有者的财货了。确实是可以这样认为的。不过只有在现代关系之下，从法学观点着眼才是如此。如果废除了土地所有权，规定唯有对那些经过劳动并且因为劳动而实际占有和自然占有的物品，才有所有权，也就是说，如果只承认经济占有或者使经济占有升格为法律占有，则情况就立即改观了。这时，木料和原生物质，假若还没有触及劳动，就立即会脱离“属于”和“占有”这类概念的范围。这时，二者都只是在经过实际劳动而占有的限度内属于所有者。因此，如果以这种自然关系作为基础，则人所付出的财货的代价就不是原来存在的材料本身，而只是在一定数量和一定程度上作为劳动产品的材料，即只是材料所值的劳动量。

第二，有人会持异议说，上述论断只是在人同财货世界保持最初的原始关系时，即只是在赤手空拳的人同财货的来源——自然界和精神世界相抗衡时才是正确的。这种关系一旦改变，人在经济方面向前发展，主要是有了财货储备，靠它继续进行生产之后，这个论断就变得不正确了，因为从此财货就不仅以劳动为代价，而且以它所消耗的一部分储备为代价了。然而，这种派生的状况可

① 这里所犯的错误，无异于把财产的法律概念同国家经济概念混为一谈，例如认为特权或顾客也是经济财货。

以归纳到原有的状况中去。一个孤立的人可以拥有包括下列组成部分的财货储备：

甲、已有的材料，

乙、已有的工具，[1]

丙、人要借以生存并在生产时消费的已有的直接财货。

现在的问题是：一件财货，除了以某人在生产它时所消耗的直接劳动作为代价之外，是否还以这时所使用的材料、磨损的工具（视磨损程度而定）和耗用的生活资料作为代价？就前两个组成部分来说，对这个问题的回答应当是肯定的，但这项消耗完全可以归结为劳动。就最后一部分而言，回答是否定的，因为在生产期间耗用的生活资料不能算是一项作为财货代价的消耗。

关于甲项。在这里，材料当然是只按劳动所占用的程度来考虑的。上面已经说明，材料本身不能列入财货的价值。进一步说，材料无非就是处于生产的某一阶段的财货自身。这些阶段是游移不定的。在实行分工的时候，这些阶段随着生产的改变而变化。即使在分工出现之前，先行的劳动所制造的产品，也是最终制成财货所必经的每个后续劳动过程的材料。材料就是正在形成的财货本身。因此，用于材料的消耗总是恰好等于材料所值的劳动的消耗；而用一定的材料制成的财货，其代价，归纳为一个正确的公式，不是直接生产劳动＋材料，而是这种劳动＋材料所值的劳动，即现在的劳动和过去的劳动，或者说只是一般的劳动。

---

① 有些财货，生产出来只用于制造那些作为最终目的进行生产的财货，它们就是我所理解的工具。因此材料下列入此项。

关于乙项。人使用天赋的工具——手、齿，在财货生产中是不会有多大作为的。所以人要用自造的工具装备起来。这些人造的工具最初也莫不以劳动为代价，因为人在出现于世时是一无所有的。现在，问题是：当人着手用工具制造财货的时候，财货的代价除了等于使用工具的这个直接劳动以外，是否还包括在财货生产过程中磨损的那一部分工具？答复是：当然包括，可是表现为工具磨损的消耗也可以归结为劳动。这个消耗等于同磨损部分成正比的劳动量，它是消耗于工具的全部劳动的一部分。例如，某件工具值某一劳动量（n），它在有效期内，即完全磨损之前，用于制造一定数量（o）的财货（x），其中每件都以一定数量的直接劳动（m）为代价，则 x 的价值 $= m + \frac{n}{o}$ 劳动。可见，制造工具的劳动，只应当看做是制成的财货所值的劳动的开端。先制造工具，然后继续操作，比起不用工具，径直从事制造财货本身的劳动来，不过是直接财货本身的经过一定改进的生产方式而已。因此，既然工具只是为生产它所应服务的财货而制造的，那么，消耗于工具的劳动，或制造财货的劳动的开端，在工具**完全**磨损时，理应**全部**加以计算，在工具**部分**磨损时，理应按磨损的比例**部分地**加以计算。

关于丙项。因为基于上述，生活资料必须归结为劳动，它们与财货只以劳动为代价的论点本来没有矛盾，似乎本应随时随地将它们列入消耗或财货的价值。但在研究分工形成前的原始状态时，就会十分明显地看到，这种情况是不可能存在的。只需提出一个问题：是人为了靠财货生存而制造财货呢？还是人为了生产财货而生存呢？答案是不容怀疑的。既然如此，每个新的生产过程都会产生新的独立的价值关系，以前各个生产时期所制成的财货同它毫无共同之点。下面我们还要重新论述财货储备的这个组成部分。

第三，有人会持异议说，一旦实行了分工，出现了产生租金的所有权[①]，这种自然关系就有了变化，因为很大一部分财货储备已经不属于劳动者。但是，针对这种异议，应当反问一句：能否使只涉及产品生产或分配的一般形式的关系，去改变人同财货的自然生产关系（价值关系也就是由此产生的）呢？要知道，如在实行分工和出现产生租金的所有权以前，每人从始到终都独自生产，独自获取并耗尽作为他的收入的财货，那么，分工不过只带来了一个变化：现在，各种劳动者一个接着一个地循序分别制造同一种财货；产生租金的所有权也只是带来一个变化：使劳动者如今仅仅获得一部分产品，其余归收租者和企业家所有。[②] 但这两点都无法改变劳动的本性和劳动同财货生产的关系。

然而，如今人们异想天开，不仅把工资，甚至把租金和利润也列入财货的价值。这个观点值得详加反驳。它有两个立足点：

第一，曲解资本，把工资与材料、工具同样地列为资本（实际上，工资只能同租金和利润列在一起）；

第二，把财货价值同企业家支出或生产费用混为一谈。

先谈第一个立足点。人们通常仿效亚当·斯密，以下述方式

---

① 我把占有者不付出任何劳动就成为其收入来源的所有权，即土地所有权和资本所有权，称作产生租金的所有权。与此对立的，是只有劳动才能确立的所有权，即自己的产品的所有权。这种划分，迟早要成为科学中必不可少的界限。

② 见第3章。

得出资本的概念：如果一个独自经营的人拥有继续生产所用的材料储备和工具储备，以及今后生产期间赖以生存的生活资料储备，那么，他就握有资本或与现代资本类似的储备。在分工的条件下，每个企业都必须拥有供生产用的材料和工具，以及工人在生产时期内用以维持生活或借以取得报酬的物资储备，因为在实行分工时，这种储备一般不属于工人，而属于其他人。因此，每个企业的工资，作为必不可少的储备，和材料、工具同属一类。但是，这个演绎法不多不少地有三大错误。

1. 把一个独自经营的人所占有的直接财货储备列为他的资本或者同现代资本类似的储备，这是错误的。当然，材料和工具对产品来说，确实是保持着资本的关系。生产材料和工具只是为了用它们制造产品，而产品也总是取决于它们的数量和性能。这样，它们犹如树干，通过劳动，新产品就在树干上生长起来。至于生产生活资料，只是为了借以生存，而不是为了获取继续生产的精力。生活资料是其生产时期的一种收入。此外，资本的概念，只有在同收入或净产品的概念相区别时才能弄清楚。若认为生活资料与材料、工具一样，都是资本，则对于一个独自经营的人来说，除了资本之外，再也没有什么其他财货了，因为一切产品不是直接财货——生活资料，就是间接财货——材料和工具。

2. 即使在实行分工的条件下，生产时期开始时，也并不具备要在今后生产期间用以付酬的任何生活资料实物储备；换句话说，工资根本不是从在工作开始时即已具备的生活资料储备中支付的。相反地，工资是产品的一部分，因而它本身就是支付期间的产品。假如在新的生产时期一开始，就已经有了以实物形式出现的这个时期的工资，那是一种极大的浪费。反之，分工的一个极重要的特点，乃是各个环节的生产过程同时进行。在低级生产阶段，材料连续地从地下采掘出来；与此同时，在次一阶段，材料连续地加工成为半成品，在最后一个阶段，消费资料连续地制成。这样，在某一个能够生产与生活资料截然不同的财货的企业里，工人工作一天、一周或一个月，而在附近，在同一天、同一周或同一个月内，则生产着生活资料。这些同时生产出来的生活资料，就是用以付给工人的东西。而作为某一时期的成果的东西，就是这个时期的产品，或者说，只是同资本完全不同的产品。可见，工人的报酬不是取自资本，取自在工作开始时已有的储备，而是取自产品本身；即使由于分工和交换，产品不是生活资料，工人的报酬也仍然是取自作为获酬期间的产品的生活资料。首先必须了解分工条件下财货同时生产的连续不断的过程，才能正确地理解工资关系。

3. 当然，即使在分工占统治地位的条件下，这里所谈的需要付酬的一个新生产时期开始时，也是有生活资料储备的，这就是工人在工作期间赖以生活的储备。可是，这不是我们说的工人从中获得劳动报酬的储备。相反，它已经作为消费性储备掌握在工人手中，它是作为前一个时期的收入而形成的，是当时的报酬，并且仍然只是产品的一部分。这种储备同一个独自经营的人握有的生活资料储备类似，后者也应当称为收入，而不应当叫做资本，因为作为收入的东西就不再是资本了。工人总是在工作之后领取工资的，那么试问，这里付给工人的某项生产的工资，是否属于本生产期的资本呢？

这些反驳，都在对取材于实践的工资关系的描述中所证实。

企业家起初有一笔现款,作为获取任何一类财货的用款,即一笔用途未定的资本。随后,他决定进行某种固定的生产,就把自己的用款变成了适当的材料和必要的工具。这两项,无论如何都要储备一些,所以它们在工人开始生产时已经是资本了。可是,工人领取报酬,从来都不是在工作开始以前,而总是只在他做完工作或提供产品之后,即使这项产品在本企业的条件下还没有最终制成,也是如此。而这时可能有两种情况。一种情况是,生产由于它的本性,进行得很快,因而到了发工资的时间,企业家就已经能够以出售产品的进款满足工人的要求了。另一种情况比较多,那就是:在产品制成之前或售出之前,发工资的时间就到了。在前一种情况下,企业家不必为支付工资而建立一笔基金;他只要一笔相当于材料、工具需要量的基金。在后一种情况下,他就要有用以付酬给工人的很大一笔基金。但是,无论哪种情况,工人的报酬都不是取自生产期开始时已有的(因而同付酬的企业保持着材料和工具那样的关系的)财货储备。在这两种情况下,工人的工资都是从产品中支付的。

具体经过如下:

第一种情况是不言而喻的。显然工人这时从企业家资本中不是得到报酬,而是获得一部分产品。企业家同样可以由此付给工人实物工资,让他去交换生活资料,也可以全部自行交换或销售,然后把一部分进款以货币工资或生活资料费用的形式付给工人。舍恩也指出,工人常从产品中取酬。相反地,劳不同意,他说这样工人就会自己预付资本。但是,问题在于:工人从事一定的生产而领取的工资,是否就属于这种生产的资本呢?这里所谈的,是他尚待领取的劳动报酬。而他在所说的这个生产期内，用以维持生活的一笔储备，即似乎应当看做是他所预付的资本的那笔储备，乃是他在过去一段(前一个)时期内已领的工资。进一步说，工人在这种情况下总是给自己预付貌是实非的资本，不论他是从出售产品的进款中取得劳动报酬，还是在货款收进之前就从企业家基金中取得了报酬。因为在前一个场合下，工人获得报酬，不早于也不迟于后一个场合，也就是说，这里好像出现了一种奇特的状况：必须有双重的资本，一由工人预付的，二为企业家用于此目的所需要的。

但是，在第二种情况下，工人也只能从产品中取酬。诚然，企业家这时要有一笔可以付给工人的基金。不过，这项基金，毕竟不是在生产开始时就如材料和工具那样必须具备的生活资料储备。这仅是一笔供付款用的货币基金。这种款项以工资形式付给工人，作为已完成的劳动的报酬(即便劳动成果尚未完全形成或尚未变成货币，也是如此)；它像在第一种情况下一样，由工人在取酬期间的产品中加以实现。原来前面说明的分工的特点，在这里并没有失效，这种情况和第一种情况的区别(即企业家这时除工具和材料外，还必须具备货币基金)，是由于各个环节的生产期不相一致而产生的。可见，在这种情况下，此项用款也始终只是肯定了工人不折不扣地参加了支付工资期间他已制造的产品的生产，虽然这种产品可能还没有完全制成，或者还没有出售。他之所以领取这笔款项，仅是因为他已经提供了产品，而生活资料出售者之所以能够实现这笔款项，只是由于产品已经具备，因而他通过所收进的货币或用款，可以保证从工人生产出来的产品中得到补偿。简言之，工人维持生活的面包，虽然不像收租者吃的面包那样可口，但确是同样地新鲜。

基金有时还包括工人的生活资料费用，这种状况不应当使人们把工资同材料和工具一样地列为资本，至少是因为，要那样做，则在多数情况下，对地租和资本租金也要采取同样的办法。须知屡见不鲜的是，企业家还需要一笔资金去支付地租和定期利息。租赁者在圣约翰节租用了一块土地，到米迦勒节就要付出三个月的地租和利息*，虽然他在这段时间内还不可能使自己的产品周转完毕。同东印度通商的商人，远在交易结束以前就要付款。如果照上述工资观点办事，则土地占有者和资本家的生活资料就应当连同工人的生活资料，像材料和工具一样列为资本。不过谁也不会这样设想。虽然企业家必须像付工资那样，以自己的基金去支付地租和利息，但租金同工资一样，也是产品的一部分。

假如愿意从企业家基金的观点给资本的概念下定义，那就没有理由不把地租和资本租金连同工资一起列为资本。但是，如果了解工资的本质，懂得它是产品中的一部分，那就没有理由不认为工资同地租和资本租金一样，都是收入。说只有工资才造就劳动的精力，这个理由，显然也不能认为足以把工资列为资本，因为工资本质上同地租和资本租金毫无区别。要知道，工资使继续劳动成为可能，而劳动是生产的一个必要因素；同样地，在当前情况下，只有资本租金才能使继续运用资本成为可能，而资本是生产的另一个必要因素。资本家收不到租金，就会把自己的资本耗尽，资本因而就会像得不到报酬的劳动力那样自行消灭。唯有土地在不付任何地租时会依然存在。但这样一来，我们就又重新主张重农主

* 圣约翰节为6月24日，米迦勒节为9月29日。——中译者

义者的基本观点了。在他们看来，除了 produit net（净产品。——俄译者）之外，一切都是资本消耗。然而，工资既然是事后支付的，因此它不是替它所支付的劳动，即谈论资本时所唯一涉及的劳动提供精力，而工资永远只是为以后的劳动提供精力，这项劳动是由本质上迥然不同的另一笔企业家基金去支付的。对于一个资本家来说，也是这种情况：他是先在事业中投放资本，而不是先收进租金，因而才有可能投资。

如果撇开分工，从而也撇开产品分配，把整个民族看作一个独自经营的人，关系就会更加分明。一个民族要满足它在当前文明的具体阶段所有的全部直接需要。为此目的，它拥有一批材料、工具和自己的劳动力。这些间接财货本身没有意义，但正因为如此，同直接财货联系起来，就有更大的意义。因为上述那些满足需要的资料的数量，始终是同材料、工具的总数和质量成比例的。材料、工具的每一次增减，都反映在满足需要的直接资料的数量上。从这两种财货的总量的相互关系中，产生了收入和资本的对立。这两个概念的确切的划分和区别，寓于现象的本质之中。

但是，为什么要把直接财货的一部分，而且恰恰是构成一个民族大部分人——工人——的生活资料的那一部分，排除于我们称之为收入的那一部分之外，而把它加到称作资本的那一部分中去呢？要这样做，一定会同现代法学思想和事物的实际情况发生矛盾。现代法学思想一视同仁地承认工人和收租者的人身自由。因此，仍然不可理解的是，为什么在国家经济中，工人还是继续遭到这样的屈辱：他们的生命和他们的福利本身完全被漠视，而仅仅被看做是从属于收租者生活享受用品的生产。显然，这种国家经济观点——无论它有意或无意——乃是主张奴隶制。那样,工人就要变成道地的机器,他们的生活资料就不再是直接财货或收入,而无异于役畜的饲料或机器耗用的煤炭。但是,因为这个观点已经站不住脚,因为工人的生活资料从现代法律角度来说是与收租者的享受用品同样的直接财货,又因为由于事物的实际情况,在生产和流通的连续运动过程中,工人在一定时期内获得的生活资料,如同收租者这个时期的收入一样,是这个时期的产品的一部分。而事实绝不是:工人在这个时期内所付出的劳动,从前一个时期建立的实有储备中取酬。所以,工资或工人的收入同地租和资本租金或收租者的收入毫无区别。

然而,如果工资如同租金,而不是如同材料和工具,那时应当对资本另下定义,以别于当前流行的理论。因此,必须把狭义的或本义的资本同广义的资本或企业家基金区别开来。[①] 前者包括材料和工具的实际储备;后者包括在现代分工关系下经营企业所需的全部基金。在现代关系下,企业家基金中不仅要有材料和工具,并且要有数额足够的货币,使企业家能够以出售产品的进款支付必要的工资和租金。这两部分对企业家具有同样的意义。这两部分都是他的财产;而对于自己从企业内获得的收益,他是按照对全部基金的比例去计算的。在现代关系下,这两部分不仅同样都为企业家所需要,而且也都为企业所需要,因而也为进行各种生产所需要。因此,二者可以归并为广义的资本的概念或者企业家基金的概念。然而,如果分别仔细考察其中每一部分本身,就会发现二

① 我这里说的只是生产性资本。

者间的本质差别。其中仅有一部分是在生产开始时实际具备的财货储备,同时另一部分只是流动资金的储备,它暂时还不是什么财货的实物储备,而不过是未来产品的一部分,它本身就是用于支付这一部分产品的。第一部分是生产所绝对必要的资本,第二部分只是在现代关系下才成为相对必要的。所以,唯有第一部分是狭义的和本义的资本,国民资本的概念唯独同它相吻合。①

现在谈第二个立足点。既然工资不是和材料、工具同属一类,而是和地租、资本租金同属一类,它就不像材料、工具那样属于财货费用,而是与地租、资本租金的情形相同。后者在任何地方都不是财货费用,而是企业家支出或生产费用。

狭义的资本这一概念和企业家基金的关系,同"财货费用"和"企业家支出"这两个概念的关系类似。"财货费用"的概念,是从纯客观角度考察价值关系而得出的。因此,必须舍弃种种个别情况,集中力量考察绝对的或纯粹的价值关系。这样一来,以磨损程

---

① 资本的无所不包的概念会包括两类东西,它只能完全在形式上表现资本,即把资本表现为必要的生产基金。它是绝对必要的,还是相对必要的,决定着它成为狭义的即本义的资本,还是成为广义的资本。然而,这个差别,在认识上不同于两个个别概念彼此间的一般关系,以及它们与普遍概念的一般关系。因为狭义的资本的概念源于事物的本质,而广义的资本的概念来自历史沿革的偶然现象。产生租金的所有权一旦消失,后一个概念就会随之消失。那时,保存下来的只是一个唯一切合实际的纯粹概念。我们进一步追溯既往,就会发现,当时人们更是钻到资本的十足经验主义形式的牛角尖中去,认为资本只是货币额。重农主义者和斯密比较深刻地接触到了事情的本质,但毕竟没有得出纯粹的概念。既然还没有做到这一点,"从国民经济角度观察"的资本和企业家资本之间就必然继续存在着无法判明的矛盾。比较广义的资本,也可以说就是供产生租金用的财货基金。不过,假若下这样的定义,它完全是以具体历史情况为依据的。历史情况使它只具有这一跟资本的纯粹概念相对立的偶然形式;这样就无法使人领会两个定义中包含的共同点,所以,二者之间要由一个定义发展为另一个定义所需的任何联系都被割断了。

度衡量的材料和工具当然算是费用了，因为那是制造财货所发生的绝对消耗；而对地租和资本租金就不能这样说。这两项，是以前二项绝对消耗生产出来的产品的一部分，所以，把作为产品组成部分的东西叫做产品的费用，显然是不合适的。

相反，企业家完全有权认为，他经营一个现代企业的全部支出，都是为本企业付出的某种消耗。从这个观点看来，用于材料、工具的支出同用于工资、租金的支出之间的差别就消失了，犹如在上述资本概念方面的情形一样。但是，从而也就失去了谈论财货费用时唯一可持的绝对的客观的观点，论题已经转向生产费用，其中一部分只有在现代条件下才是必不可少的。因此，这一部分仅包括一些偶然的费用，它们会随着自己产生的条件而消失。然而，财货费用却是财货的实际费用，按其构成来说是永恒的。[①]

① 我听到，我们最著名的国家经济理论家之一，为说明一个论点而发表了下述意见："有人把工资看作所消耗的资本的一部分，尽管如此，他们继续认为它是一项收入。从种种观点考察，工资既是资本，又是收入。具体地说，工资是这样一部分收入，它再次被用作生产手段，其自身再生产。虽然租金的使用则不能产生这种效果。"我想就此表示一点意见。我不仅认为工资是收入，而且断言，工资根本不应列为资本，或至少不应像材料和工具那样，列为狭义的资本；相反，我断言，在工资由企业家基金或广义的资本中支付的情况下，只能把它列为这种（广义的）资本，而且这也不过是如同由企业家基金或广义的资本中支付的租金一样。原来，工资在一定的生产期内支付，从而成为工人在该生产期结束时的收入。工资本身，是以跟这项生产所需材料和工具完全不同的另一种方式，作为该项生产的手段的。因为在生产开始时，工资根本就不是以实物形式（in natura）存在的，而材料和工具则必须实际具备；与后者相反，在这项生产开始时，工资是一种货币基金，正如企业家在销售产品的进款到手之前必须支付的租金一样，工资也正是不折不扣地同租金一样的一种生产手段，并且不折不扣地像租金那样自身再生产。既然不可能在销售产品的进款取得之后再支付利息，则付息用的资金就如工资那样，是开始生产所必不可少的，同时它必然要像工资那样，在销售产品的进款中再生产，而且确实在这样进行再生产。反之，如果说工资来自前一个生产过程，是

综上所述,既然财货只以劳动为代价这个论断是正确的,那么,

工人在获得当前劳动的报酬之前的生活来源,如果断定这种工资是作为资本在本期预付给工人的,那么,它就不能看作是一种生产手段,也不能说它必然在当前生产中自身再生产,因为这种工资既然是自由人领得的,也就如同维持收租者的生活那样,是前期生产的最终目的。若认为这种工资只是继续生产的一种手段,就等于把整个经济过程的目的——人的生活——贬低为一种单纯的手段;至于它在当前生产期内的再生产,则也许无从实现,因为本期的工资标准可能较低。但是,如果认为这项工资是一种生产手段,认为它可以再生产,那也就理应同样地看待来源于同一生产期的租金。而且把租金当作生产手段,就要认定,这些租金也仅是使收租者有可能把他的财产投入新的生产,因为他若得不到租金,就势必耗尽自己的资本;同样地,工资使工人有可能在新生产期内贡献他的劳动力,因为工人若得不到工资,便会失去自己的劳动力。至于谈到再生产,则租金在新生产期内,正如(虽然数额不一定要相同)工资那样进行再生产,并且必定要进行再生产,因为否则生产也会停顿。由此可见,从各个角度看来,工资都应当同租金列为一类。我觉得,如果持相反的观点,那么,使工人有精力从事新生产的生活资料,就要同那些表现工人在新生产期内所获报酬的生活资料搅在一起,混淆不清。可是,这两者是在完全不同的生产期内支付的不同的报酬。那样做,把二者的特征合为一体,就构成了一个同实际情况毫不相符的工资概念。取自前者的特征是,它在新生产开始时必须具备;取自后者的是,它一般为企业家基金的一个必要组成部分。在这里,人们当然忽视了,在后一种情况下,工资不是作为实有的财货储备,而是以货币形式列入企业家基金的,也就是说,工资是尚待制造的产品的用款,如果不存在产生租金的所有权,也就根本不需要这项用款;同时,也没有发现,在前一种情况下,它完全不是所谓属于新生产的资本的那种工资。

我的研究工作的主旨,是提高劳动阶级在国民收入中所占的份额,使它建立在稳固的基础上,不受流通的变化无常的影响。我想让这个阶级获得劳动生产率增长之利,并且想废除那个有朝一日可能会置我们于死地的规律。按照那个规律,无论生产率怎样提高,工人总要被在流通中占统治地位的规律强行推向这样一个不超过必要生活资料总量的工资水平,这一工资水平使工人无法享受本世纪的文明(它早已应当取代迄今紧紧束缚着工人的劳役制了),同工人的现代法律地位,即我们的一切主要制度所标榜的、同其余等级在形式上平等的地位,产生了最突出的矛盾。我想用让工人在国民收入中占更大份额的办法,同时克服周期性的骇人听闻的工业危机。工业危机的发生,纯粹是由于购买力同生产能力不相适应,并不是(像萨伊和李嘉图所认为的那

时间就是一个尺度，可以用来确切地表现财货的价值。同时，一般的时间单位乃是一种标准，可以具体地表明每种财货的价值，并且把各种不同的财货的价值互相进行比较。劳动作为制成一种财货所用的时间长度，就等于这种财货的价值总量。现在人们是说，一件财货值1塔勒、4格罗森或3芬尼*，一旦采用时间尺度，就应当说，它值1天、4小时或3分钟。但是，进行这样的计算，还要借助于一些假设。

问题是，在各类生产中，劳动的强度互不相同，或者说，劳动并不是随时随地都要求精力达到同样紧张的程度。因为人的精力是有限的，是要经过休息和饮食来复原的，所以一天的劳动不可能在各类生产中都实际持续同样的时间。可是，这并不妨碍人们把劳动设想为随时随地都是同等的，并且进而对它作同样的划分，正如

样）由于生产力不足，也不是像马尔萨斯和西斯蒙第所设想的那样，由于生产力的发展超过了购买力，而是由于生产力的成果没有妥善地加以分配，因此使购买力落后于生产力，因为换句话说，购买力不外是生产力成果的份额或国民收入的份额。目的明确了，就会了解，我上面的论证是多么重要。我证明了：工资不是从资本中支付的，而是和租金同属一类，同样为产品的一部分，因此也是本期收入的一部分；所以马尔萨斯的话是不正确的——他以讥讽的口吻说，如果不认为工资是用以维持工人生活的资本的晴雨计，那就应当把它看做是“某种主要取决于世界法官大人的东西”。须知，工资若是由资本中支付的，那么，一则，它无论如何绝不可能提高到超过这个资本的程度，而不使整个国民生产和国民福利遭受根本的损失；二则，如果有人见到生产力的加速发展造成过剩，使一些人深受其苦，却还劝另一些人了解挨饿的必要性，那就是做对了。既然工资是由国民收入中支付的，因此它就可以增加，并不触及资本，而是（如果知道怎样做的话）靠减少租金，或者——我的建议就是如此——不减少租金，靠采取一些措施，使工人享受如今科学掌握实业时生产率每日提高之利。

* 塔勒(taler)、格罗森(groschen)、芬尼(pfening)，都是过去德国货币。——中译者

现在已经在谈论所谓整个工作日，虽然在一种生产中可能只工作八小时，在另一种生产中却可能工作十二小时。因此，假定为相等的一个工作日，随时随地都应当划分为同等数量的工时和工分。这种划分并不经常符合进行工作的实际时数，但却消除了劳动在强度上的差异，因而是比较各类财货的价值所必不可少的。

二

如果财货价值总是等于按劳动计算的费用，劳动就会是最好的“价值标准”。

各种财货按数量互相交换，因而在彼此比较中体现其数值。一物与另一物比较而得的这种数值，作为一种尺度，称作物的价值。它是同长度、重量等一样的尺度概念。因此，价值自然是随着数量比例的改变而变动的。如果同样数量的一件物品可以换得更多的其他物品，人们就说价值提高了；如果这个可交换的数量变少了，人们便说价值降低了。显然，在数量比例发生这种变化时，两件物品的价值必定都要变动，而且是发生相反的变动，如果一件物品的价值提高，另一件物品的价值必然降低。至少必须这样来理解价值。在价值概念中，应当仅仅注意数量的相互关系，而不去探究这种或那种财货变化的根由。例如，假定一舍费尔黑麦过去值半肘呢绒，如今值一肘，则这种变化的原因，可能在于黑麦的生产，也可能在于呢绒的生产。虽然对于双方数量比例的变动，应当从一种财货的生产中去寻求原因，但无论出于哪一种情况，发生变化的同样是黑麦和呢绒二者的价值，而不是仅仅包含着变动的原因的那一种财货的价值。可是，一种财货要同一系列物品交换。因此，它的价值不是决定于它同某一种财货的数量比例，而是决定于它同所交换的各种财货的比例；换句话说，财货的价值得自“这一种财货同其他许多财货保持相等关系的一整套等式”。

以上所说，实质上这是在这方面[①]所存在的唯一的价值概念。这种价值总是自然的或现实的价值；至于李嘉图和麦克库洛赫在另一个意义上使用这个词，还有另一些人规定了价值的种类，多半都要归咎于不正确地解释“价值标准”概念。这就迫使我们用下面三节来详细考察上述原理。

1

“价值标准”一词的实际含义是什么？按照这个含义，什么东西可以作为“价值标准”？

人们利用价值以外的另一些数量的标准，可以在了解这些数量方面有所收获。这无非就是：用这种办法，清楚地认识某一具体数量（某一长度或某一重量）。可以设想，人们运用价值标准，也是

---

① 这就是亚当·斯密的交换价值。斯密称其为使用价值的另一方面，我们已经在第1章中接触到了。但是，正如切忌把价值同使用性混淆起来一样，也不能把交换价值同交换性、同财货能够交换的性能，混为一谈，不能把交换价值当作“财货可供交换的程度”。财货可供交换的程度，取决于对财货的需要的普遍性，以及它的制造所需的劳动。因此，有一些财货，它们可供交换的程度比其他财货较高，但交换价值却较低，例如面包同钻石相比就是如此。确切些说，财货的交换性是交换价值的基础，就像使用性是使用价值的基础一样。但是，“价值”一词既用于交换价值，又用于使用价值，这种情况，在不小的程度上助长了价值学说中普遍存在的混乱现象，因为这两个概念是有极大差别的，二者只有一个共同点，即都是被人用作一种尺度的财货的数值。尺度概念所特有的数量方面，在使用价值中表现为迫切需要的程度，在交换价值中表现为某项物品所交换的财货的数量。

想通过它，收到同样的效果。因而，运用价值标准的目的，是清楚地认识某一价值。

但是，无论某项财货（即使它本身在作价方面随时随地都固定不变），或者李嘉图所想的劳动，都不能用来作为这种标准。假定白银的价格固定不变，又知道一件财货值 n 单位的白银，我们还是对这件财货的价值得不到任何概念。甚至假定财货总是按等量劳动进行交换，也知道财货值 n 单位的劳动，我们仍得不到任何概念。随之，还应当追问，n 单位的白银或 n 单位的劳动同其他各种财货相比值多少？即使我们连这一点也知道，白银也好，劳动也好，依然不能占据“标准”的地位。这样，我们还得不到内在的价值概念，我们只能有了一定的价值数额，而还是缺乏一个清楚地认识价值、了解价值、估量价值数量所需要的标准。其他各种标准则是另一种情况：只要一说长度为三肘，这个标准就完全起到了自己的作用。

在这方面，也不可能出现另一种情形。一种标准，无非就是给人以明晰概念的一个单位，它必定是某一计量数的一部分；长度的标准，无非就是一个作为单位的具体化的长度。由此可知，计量，乃是把某一计量数同其中作为单位的一个具体部分加以比较。价值仅是表现为尺度的数量比例，它表明一种财货同其他许多财货相比所具有的数值。按照“标准”这一概念的本质，对于价值来说，能够作为标准的，也只是作为单位的具体交换比例之中的某一部分。例如，1 舍费尔黑麦换 1 肘呢绒、4 磅黄油、32 夸脱牛奶，等等，那么，要求得黑麦的价值标准，便应当用黑麦同所列各种财货的某一较小的比例作为单位。比如说，应当以¼舍费尔黑麦、¼肘呢绒、1磅黄油、8夸脱牛奶等的比例作为单位，把这个单位具体化，给它定一个名称，然后同黑麦的一定的价值进行比较。那样我们就会说，1舍费尔黑麦值4(标准的单位)，就像说一定的长度等于4肘一样。

可是，这种标准是异常难以理解、难以应用的。因为一种财货同一系列的其他财货交换，所以必须记住这个由大量等式构成的单位。其次，这个单位必须分成一系列其他单位，因为确定价值的细小变动时常是重要的。再次，需要计量的财货的价值，并不总是在全部数量中均衡地变动；在各种不同的互相对比的财货中，它往往只是对某几项财货来说有所变动。如果¼舍费尔黑麦今后还是值1磅黄油和8夸脱牛奶*，那它可能已经只等于⅛肘呢绒了。这样一来，用作标准的单位，甚至必须随着仅仅一种财货的数量变动而加以改变和调整。即使克服了这一切困难，也只有在固定不变的情况下，在同样的需要占支配地位时，才能运用通用的标准。人们以稻米、棉布和植物油代替黑麦、呢绒和黄油来满足自己的需要时，从上述交换比例中抽象出来的标准就不能用了。

2

人们探寻价值"标准"，有何企求？

同时，人们在探寻价值"标准"时，抱着各种各样的、用各种不

* 俄译本误为"6夸脱牛奶"。——中译者

同的手段才能达到的目的，因此首先必须如实地列举这些目的。

甲、需要价值“标准”，是为了按实际价值计量一种财货或整批财货，例如收入或财产，也就是为了具体地了解和核定它的数值：它实际上能换取多少财货，能提供多少生活设施。这就有可能不仅比较同一批财货在各个不同时期内的价值，而且比较各种不同的个人和民族的财产的价值。

乙、可以期望通过价值“标准”，得到各个时期价值永远相等的生产成果的合适标志。

丙、需要在同一种国家经济状况和同一个时期的范围内，按价值比较各种不同的财货，以了解每一种财货相当于另一种财货的数量。

这一点是必须了解的。如果没有这种可能，就不会有超越偶然交换的范围的经过调整的分工。因为在分工的条件下，每人都把自己的产品投入流通领域，从流通中换取自己的收入，所以，为了不受骗，也不骗人，每人都应当有可能知道，各种财货的数量，按价值来说在何种程度上相等或互异。

丁、人们希望知道，财货的生产条件是否有了变化，变化多大，以便由此作出结论：财货价值变动的原因，是否和在多大程度上取决于财货本身？实际上至少应当这样来表述这个目的；虽然人们有时也说，他们想按财货在各个不同时期的价值对财货进行比较。如果这里的“价值”，理解为李嘉图和麦克库洛赫所说的“实际价值”，那么，这样确实说的是一回事。而一般地说，人们想做的正是这一点，从下述事实中就可以看出来：在较早的时候，研究粮食的“价值”时，人们满足于在白银中去探究粮价，以便随后考虑到白银价值的变化情况，有可能比较今昔的粮价水准。因此人们以为，有了当时和今天都用来同一切财货交换的、其本身价格绝不会变动的一种财货，就足以达到这个目的了。然而，即使存在这种财货，即使折合成这种财货时，粮食在各个时期所值相等，也还绝对不能因此就说两个时期的粮食价值相同，因为可能有各种各样的原因，决定着粮食同与它对比的其余各种财货的数量比例。于是，人们就力图把握从财货方面决定其交换数量比例的缘由，仅仅从这些原由出发，去比较各个不同时期的一种财货。或者换句话说，他们丝毫不想知道财货价值有多大增减，而是想知道，它比过去昂贵了，还是便宜了，它的生产条件有无变化。

戊、希望有可能表现总是受财货价值种种变动所支配、并且同其变动相适应的地租数额。这个目的是应当如此理解的，虽然它已经表现为确定各个时期的“不变生产率”的意图。就其含义来说，这也就是乙项所说的目的。在这里，我指的是亚当·斯密已经提到的一种情况，它是在“以永久地租为条件”出售大地产时出现的，与继承租赁的一切情况同属一类。这种租金不可能取决于“永远固定的生产率”，因为后者可能极低，使卖者受损失；也可能极高，使买者吃亏。如果生产条件变化，土地出产的同样数量的产品在交换时可以换得更多的其他财货，就会发生前一种情形；如果情况起了相反的变化，就会出现第二种情形；同时，这些变化可能是出于这一方面或另一方面的生产率的变动。若是可以用某一种办法，确定在每个具体时期都同当时的生产率条件相适应的地租额，那么，买者和卖者就不必担心受到损失，就可以当即成交，达到双方所显然追求的目的。

己、亚当·斯密说：“一个人的贫富取决于他在多大程度上可以满足自己的需要，获得生活设施和享受”；李嘉图也同意他的看法。这里说的财富，是在绝对意义上理解的。关于它的估价，已在甲项中说过了。但是，财富也可以在相对意义上去理解。在社会发展的每个阶段上，都有一批不仅具有一定类型和用途的、而且由一定的生产力创造出来的财货，同当时的发明和技能相适应。我们知道，在历史发展进程中，这批财货激增。如果拿斯密所理解的财富作一今昔对比，就不得不作出结论说：现代德国的一个小康居民比古代的皇帝富有；假若进行这样的对比，可以说过去根本没有富人。可是，在远古时期，也有富人和穷人。因此，在这个意义上的财富，只应当理解为在决定于当前国民文明程度的一批财货中所占的相对份额；绝对地说，这个份额也许只能在不大的程度上满足其占有者的需要，向他提供生活设施和享受。斯密在另一处赞同霍布斯的意见，说“财富就是权力”。但这只是就相对财富而言才是正确的，因为一个人支配另一个人的权力，仅仅从两人在国民财货总量中所占份额的比例中产生。对于历史学家，同对于政治家一样，估价和衡量这个相对财富是有意义的。

关于甲项和乙项。只有在这两种情况下，才非要本来意义上的价值“标准”不可。的确，它恰好为达到这些目的服务，换一个办法，就根本不可能达到目的。

在甲项的情况下，无非就是需要估计一种财货或整批财货本身的价值。但是，只有把财货同它自身的一部分相比较，才能做到这一点。这就是说，如果这样一部分使人得到具体的概念，可以当作一个单位，那么，只需把它用于一定的价值，就足以了解价值量。

如果这一部分等于 x，它的数值是已知数，人们也就会知道，表现为 4x 的一种财货或整批财货的数值。这样，我们有了可能用特定的标准来表现财货本身的价值，同时也就有可能把两种财货或几批财货的价值拿来互相比较。

其实比较两个数量或价值，也有两种方法。具体地说，其一是外观比较，用这种方法只能确定一个数量同另一个数量的比例，但不能同时对每项财货本身进行估价，并且以这种数值对二者加以比较。比如有人说，某一项财货或财产的价值比另一项大二倍，这样，丝毫没有谈到其中每一项财货或财产本身的价值，比较也不是从这个角度进行的。同样地，如果有人说，某一长度比另一长度大二倍，则由此还丝毫无法知道这两个长度的绝对量和与此相关的二者对比的数值，而只是知道了二者的比例。但是，还有第二个比较法。具体地说，如果说某一项财货或财产的价值为 3（一种标准的单位），另一项财货或财产的价值为 12（同一标准的单位），那就不仅能一般地知道两个价值量的比例，而且还有可能比较每个价值量的数值。同样地，如果说某一长度为 4 肘，另一长度为 12 肘，则在比较时，其中每一项本身都一目了然，二者的这两个数值也可以互相比较。当然，只有对互相比较的数量采用同一种“标准”，才有可能进行第二种比较。如果不可能对每个数量本身进行估价，就根本无法对这两个数值作这种比较。而估价就是计量，计量就是把某一数量同它本身的用作单位的一个具体部分加以比较。因此，如果希望用这种办法在价值上比较两种不同的财产，那就唯有采用本来意义上的价值“标准”，确定互相比较的财产各自包含几个这样的单位。若有两笔财产，其中一笔等于 1 000（一种标准的

单位)，另一笔等于800(同一标准的单位)，对两者加以比较，不仅可以确定它们在价值上的比例，即5∶4，而且还可以知道二者自身的数值。

在按价值比较两项财货的第二种方法中，又应当区别两种可能。这里的区别，取决于是否在生产率相同的条件下进行比较。如果是，则除了本来意义上的价值“标准”以外，还有一个比较法；如果不是，就只有一个办法。有代用办法的第一种情形，将在分析丙项时详细阐明，因此这里可以省略不谈。第二种情形必须加以考察。

财货生产比例只是在同一个民族中、同一个时期内才是相同的。这些比例，在同一个时期内、不同的民族中，或者在同一个民族中、不同的时期内，不仅可能不相同，而且一般都是互不相同的。因此，结果必然是：除了本来意义上的价值“标准”以外，没有东西可以用于对不同民族或不同时代的两项财货的价值进行这类比较。即使我们假定，白银本身不会发生任何价格上的变动，在生产条件可能不同的地方，以白银数量n表现的财货的价值，仍然不一定等于同样以n数量白银表现的财货的价值。而在生产条件确实不同的地方，这两个价值就必定是不相等的。因为价值的变动是由可能存在于每一方面的原因所引起的，如果一项财货的价值今天等于n白银，几年前也等于n白银，那么，只能由此得出结论说，这个价值本身没有发生任何变化。可是，同该项财货对比的其他一些财货可能有所变化，这些财货的数量也决定着前者的价值，于是同样，n量白银，其价值就不再同以前相等了。若是同意李嘉图的意见，以劳动作为标准，结果也一样。如果设想，各不相同、互相

比较的一些财货数量总是以等量劳动去交换的，也就是说，财货中所包含的劳动量从自己这方面决定着财货的价值，那么，在今天和在很久以前值同样 n 单位劳动的财货 x，也并不能因此就必定在今天具有同以前一样的价值。要是在同它比较的各项财货的范围内，劳动生产率有了变化，这样，n 单位劳动从此生产出的这些财货比以前多，因为，前一项财货的 x 数量就相当于更多的其他财货。这时，虽然它现在和过去一样（在同一尺度下）等于n 单位劳动，它的价值却已经有所提高。除此以外本身还受价格变动影响的尺度，像现今的贵重金属，当然就更少用于这个目的。唯有本来意义上的价值“标准”，才能作为一种手段，对不一定是在相同条件下生产的两种财货的价值进行比较，并能完全可靠地起这种作用。一种财货，今天值 2（标准单位），以前只值 1（标准单位），今昔相比，价值无疑提高了 1 倍，因为这个标准是从价值量中取作单位的一部分，它本身也就反映了体现价值的财货的数量关系。

在乙项的情况下，要表现各个时期价值相等的产品，除了这个本来意义上的“标准”以外，同样无法找到别的手段。按照劳动和白银本身的作价要是保持不变，则劳动和白银二者的效用也就无法加以利用这个同样的理由，要计量和比较财货在各种条件下的价值，唯有确定内在的价值，即还是要以一个作为是其本身一部分的“标准”去表现这个价值，否则无法达到原定的目的。

关于丙项。有人会说，达到甲乙两项所说的目的，获益不大，则在面临表现和采用这种特殊价值“标准”的困难之时，可以借此聊以自慰。但是，丙项所说的目的，却是务必要达到的，不然就无法实行劳动分工。然而，这只适合于就劳动分工来谈论价值“标准”。而要正确地解释这个概念，就会明白，这是根本没有人要求运用价值“标准”，并且以此来达到原定的目的。

应当注意的是，在这种情况下，人们是要把在同一体系即相同的生产比例之下的财货价值进行比较。买卖之间的间距，一般不会长到使这种条件可能变化的程度。在比较各个不同时期内的财货价值时，只有采用本来意义上的价值“标准”，才能求得可靠的结果。当然，这个价值“标准”也可以用于比较同一时期内的两种财货。但是，因为这个“标准”极难采用，就发生了一个问题：若是各种财货的价值在生产率不会有任何变化（因为时间不够）的同一时期里互相比较，能否采用另一个较简便的比较手段或尺度？实际上，要达到这个目的，是可以采用另一个尺度的。

拿两个财货数量按财货价值互相比较，还不等于计量价值。人们计量某一数额，是要对它本身进行估价。可见，计量一种财货的价值，就是按照在流通中用以换取该财货的各种财货数量，对它作出估价。如上所述，这种估价，只有采用一个特定的“价值标准”才能做到。然而，在进行比较时，人们不过是要知道，两种不同财货的价值比例如何：二者是否相等，相差多少。同其他尺度类比，就能了解这个差额。如果人们要计量某一长度，这就是说，人们要对其进行内在的估量，那么，就要拿这个长度同它本身的一部分作比较。假如相反，只是要对两个不同的长度本身之间进行比较，那就没有必要对这两个长度分别进行内在的估量；假如为了能够知道两个长度相差多少而需要一个尺度或标准，那么，也仍然不完全非要长度标准不可。若能找到一个总是准确地与长度相符合的尺度，各种长度就可以通过这个计算单位互相比较。

可见，要比较两个同类的数额，当然必须有一个共同的标准，然而，因为这个意义上的比较不是上述意义上的计量，所以不必利用计量一定数额所专用的标准。需要的仅是一个犹如经常与财货价值同时发挥作用、可以概括它或同它成正比的计算单位。这种尺度只能十分相对地称作“价值标准”。确切些说，它是一个和价值迥然不同的、其各部分还有自己标准的独立尺度。[①] 然而，这些部分可以称作价值标准的代用单位，它们是为了更加方便而用于代替价值标准的。因为代用单位与“价值标准”成正比，所以采用起来足以保证计算出来的数额就是所需要的相应的价值量。以这个代用尺度表现的若干等量（无论数量如何）的财货，总会是一批价值相同的财货；如果有一种财货，以这个代用尺度衡量，有一定的量超过了另一种财货，它也就会以同样的量在价值上超过后者。当为了既定的目的，需要价值“标准”的时候，我们寻求了更好的代用尺度。

关于丁、戊、己项。在这三种情况下，本来意义上的价值“标准”根本无法采用。

在丁项所说的情况下，主要是需要一个可以表现这样一类变化的尺度，这类变化能够使每种财货发生价值变化，但其本身并不是价值变化。然而，利用价值“标准”，只能探明价值变化罢了。在

① 可见，在这种情况下，人们寻求的其实不是价值尺度，而是价值指标。这样，寻求的对象（货币）很可以比喻为温度表，确切些说，温度表也应当称为验温器。我们利用温度表，绝不能测知温度本身，而只是获得水银扩张的相对量，我们据以算出相对的温度。同样地，通过货币，我们不是求得价值本身的数量，而只是求得对白银或对劳动的比值，从中测知相对的价值量。

戊项所说的情况下，利用价值“标准”，可以确定土地的一定产品的价值；这个价值一旦以同一个单位加以确定，就会成为一个不变数。然而，没有人想在此确定这个数量。人们主要是想确定和找到一个确切表现财货价值一切变动的产品单位，即表现本质上经常变化的生产率的单位。为了这个目的，人们需要一个尺度。

最后，谈到己项，价值“标准”只能表现绝对财富而已。可是，关键乃是要找到一个能够表现分配国民生产力成果相对份额的计量单位。

3

什么尺度是达到丙、丁、戊、己各项所述目的的最好的尺度？

正如我们已经看到，只有本来意义上的“价值标准”，才能适合于那些使甲、乙两项所述目的得以实现的条件，因此，在这里，我们对这两种情况没有什么可以叙述的。在丙项的情况下，别的尺度能满容易地代替“价值标准”。在丁、戊、己三项的情况下，“价值标准”甚至非用另一种尺度代替不可。

什么是最好的尺度呢？

关于丙项。为了达到这个目的，流通本身为自己创立了现代金属货币。当然，在这里，我们所应当考察的，是履行“价格尺度”职能的金属货币，而不是作为流通手段的金属货币。在履行这种职能时，金属货币这种商品，由于与其他各种商品对比，成为一个可以用于比较各种不同财货的价值的尺度。商品按所能换取的金银的重量来计量。而因为一切商品都可以同金银交换，所以，在其他条件相等时，按金银重量计量商品，总是应当准确地符合于对其价值的计量。以 1 马克白银表现的商品量（在其他条件相等时）所具有的价值，恰好比相当于 2 马克白银的商品量少一半。但是，这个代用尺度是否总准确地符合于价值尺度，是否总可以用来比较价值，正是取决于这些相等的其他条件。

贵重金属同其他一切商品一样，是劳动所生产的商品，因此它也同其他商品一样，受生产率和价格变动的影响。这样，它在用作中间尺度时，有两种可能，使它无法确切地表现价值量：

1. 因为，有一些商品的数量决定着另一种商品的价值，这些商品的生产条件可能发生变化；

2. 因为，用作尺度的物品也可能在这方面发生变化。

假如白银本身不会发生任何价格变动，则只有第一种可能。而在这里所分析的情况下，人们经常只是希望比较同一时间内或一个短时期内商品的价值，因为卖出通常是为了重新买进，而且实际上也是立即买进。于是就创造了进行比较的相同条件，因为商品（包括用作尺度的商品在内）的生产条件不会这样迅速地改变。因此，这就犹如白银不会受价格变动的影响一样，有可能在流通中使用白银作为价值的代用尺度。只是在人们要以白银形式把一定的价值量寄存或储蓄一个较长时期的情形下，上述两种可能性才会使白银所表现的价值逐渐地发生很大的变化。一旦用作尺度的商品的生产条件可能发生同其他各种商品的发展相反的变化，差额就会更大。其他一切商品本身可能变得更便宜，而贵重金属则可能变得更贵。

不受价格任何变动影响的商品，既可以用作代用尺度，也总会等于制造财货所消耗的劳动。但是，这一点，唯有在一个前提下才是正确的：财货量互相交换时，总是交换相同数额的费用或相等的劳动消耗，因而财货所包含的劳动量决定着相交换的财货量，也就是决定着财货的价值。大家知道，李嘉图认为，这种情况已经是实际存在的。我们在证明第四原理时要再次谈到这一点。然而，这里还必须补充一个使上述前提改变形式的另一个前提。甚至在同一个时间内，同样的财货也未必是在相同的生产条件下制造的。由于某地的自然肥力较大，或者机器构造较好，或者某一工人比较灵巧，同一数量的财货可能在同一时期内，在有的地方比其他地方体现较少的劳动。如果从字面上去理解第一个前提对同一种财货的意义，那么，n 单位劳动就会在同一时期内体现为数量不等的同一种财货，劳动就不能用作同一时期的价值代用尺度，其原因，与白银不能用作不同时期的价值代用尺度一样。可是，在进行同一时期内的比较时，白银能够完成这项任务，因为如果两人生产同一种财货，即使一人的条件较好，另一人的条件较差，由于市场竞争，这种财货仍然总要以相同的数量交换同一数量的白银。对于劳动，我们应当这样肯定：同一时期内的同一种财货，包含着等量的劳动。一旦劳动成为实际尺度，这就会表明，只是发生了像现在通过市场竞争而发生的同一种情况。

从这些前提出发，不难相信，作为价值的代用尺度，劳动能像白银一样胜任。以 n 数量的白银计量的财货甲，必定同以等量白银计量的财货乙具有相同的价值；与此完全一样，包含 n 单位劳动或以劳动量 n 计量的财货甲，其价值必定等于同样以劳动量 n 计量的财货乙。在前一种情况下，n 单位白银代表同它本身相等的价值量，即相当于同它交换的财货量，等于它本身；同样地，在上述前提下，n 单位劳动总是代表等量的财货并因此对包含着这个劳动量的每一种财货，确定相当于它所交换的等量财货或等量价值。如果我正确地理解盖尔曼对此所表示的一个异议，那么，他是认为，包含 n 单位劳动的财货，其价值并不是一贯等于同样包含 n 单位劳动的其他财货，因为参与制造财货的还有资本，各种不同的财货可能以不同的比例使用资本，所以，包含 n 单位劳动的财货量，如果在生产中使用了较多的资本，就不可能同等量劳动所制成的另一些财货相交换。然而，我必须指出，资本也要还原为劳动，在 n 单位劳动的概念中已经包含了这个还原为劳动的资本。当然，在制造某一数量的财货时，可能比在生产另一数量的财货时使用较多的资本。可是，如果二者都以劳动表现，则只可能发生两种情况：一是，在生产某种财货时使用资本较少，但使用直接劳动较多（或者相反），结果，在两方面，依然都是 n 单位的等量劳动；二是，两方面的劳动量不等。此外，这个异议只是说，我们上面所肯定的第一个前提是不现实的。这就是说，流通过程不可能使包含等量劳动、但生产时使用不等量资本的财货，作为价值相等的财货相交换。然而，我设想有这种可能，并且希望目前采用的这个前提只是表明，劳动这时可以用来作为白银一样的代用尺度。

白银以其重量作为自己的标准，重量也就成为“价值标准”。劳动则以时间单位作为这样两种标准。

第一章已经说明，财货所值的劳动以时间单位作为自己的标准。如果说劳动完全可以用作价值的代用尺度，那它就是利用本身的标准成为这种尺度的。实际上，使用这些标准，同使用白银标准一样方便；包含在某一财货量内的劳动时间，也很容易地按照财货的特定单位进行划分，就像一定数量的财货所值的白银量很容易地同财货一起被分成几份一样。例如，24肘呢绒值12德国塔勒，则1肘值15银格罗森；如24肘呢绒值12劳动日，则1肘（假定1个劳动日等于10小时）值5小时。这就是说，在一种情况下，24肘或1肘呢绒相当于值12日或5小时的其他各种财货。一个人如果习惯于把财货的代价表述为1日、2小时、5分钟，——同时并没有忘记各种财货必须以等量劳动相交换这样一个前提——那么，他无疑很快就会明白，财货所包含的劳动时间是可以用作“价值标准”的。

实际上，比白银，劳动时间还有一个优点。白银如同其他一切财货一样，受生产领域所发生的变化的影响，因此它与劳动时间相反，是一个变化不定的尺度。例如，如果随着时间的推移，以白银表现的一舍费尔黑麦的价值本身有了变动，以前值一德国塔勒如今值二德国塔勒，那么，这种变动的原因既可能在白银那一边，也可能在黑麦这一边。如果以劳动表现的1舍费尔黑麦的价值有了变动，过去值1日，如今值2日，则可以有把握地说，这种变动发生在黑麦这一边。不过，白银的这种变化，在同一时期内是微不足道的。而此处所说的，也只是在同时期内使用白银作为达到既定目的的一种手段，因此，劳动在这[①]方面没有任何实际的优点，有的只是理论上的优点。对于各个不同的时期，利用劳动，会便于计算

① 然而，使用劳动作为价值尺度时，劳动的另一些实际优点会改变社会界的面貌，这一点下面再谈。

过去时期的价值。因为，虽然在用白银作为价值尺度时，同以劳动作为尺度时一样，价值变动的原因只会寓于互相对比的财货之中，但是，如果用于计算财货价值的手段自身在本质上是不变的，则可以较容易地了解这些原因。这时，我们可以较少进行**一种**复杂的计算。

关于丁、戊、己项。在这几种情况下，白银一般不能利用，劳动则最为适用。只有在这种情况下，即如果白银本身不会受任何价格变动的影响，它也就可以同劳动一样，很好地用于这方面的目的。

关于丁项。因为只有劳动才是财货价值的准则，因为劳动同时又是一个本身不变的尺度，有自己的以时间为单位的标准，因此，它可以准确地表现每种财货的价值变动，使各种财货可以在这方面互相比较。它是麦克库洛赫所理解的“实际价值”的唯一尺度。如果一种财货以前值 4 日，现在只值半日，那就仅具有它以前价值的$\frac{1}{8}$；如果在这方面拿它同过去也值四日、如今只值 1 日的另一种财货作比较，那么，可以有把握地说，后一种财货的价值减少的幅度，只是前一种财货的一半。白银唯有在其本身不会受任何价格变动影响的情况下，才能同样可靠地用作进行这种比较的手段。

关于戊项。地租的价值是变化不定的，但地租经常适应于财货价值的变动，劳动可以同样可靠地用于计量即确定地租。只是应当算出每个时期包含在产品——土地净收入中的劳动量，从中扣除买者或继承租赁者所摊到的份额，余额就等于地租。例如，若土地净产品所包含的劳动量为 1 000 日，这个净产品的 20% 留归买者，则地租额等于 800 日。地租用这个尺度表现以后，就一直适应于财货价值的变动。这也就是说，它成为这样一种地租，对它规定一定的数额，永远不会由于价值变动的原因而破坏买者和卖者的分享净收入方面的比例关系。因为，如果同农产品对比的其他一切财货，有朝一日由于生产中的变化而比较便宜了，农产品的价值因而增加，那么，以这个尺度表现的地租和留归买者的一部分净收入，也要在同等程度上增加自己的价值。这就是说，如果人们希望在价值比例发生上述变动时订立一个新的契约，则地租和留归买者的净收入二者都会保持不变。假若价值变化是由于农产品方面生产率的变动，或者是由于两方面同时发生的变动，情况仍然一样。

大家知道，白银本身若是受价格变动的影响，就不能用作这种尺度；只有当它成为本身不变的尺度时，才能同劳动相提并论。粮食也很少能用于确定这种地租。如果由于1舍费尔黑麦的价值下降使粮食生产条件有所变化，以粮食表现的地租就会变得过低，这不仅是因为黑麦的价值降低了，而且是因为一定数量的黑麦如今构成了一份较前减少的实物净产品。如果劳动生产率的变动使1舍费尔黑麦的价值有所提高，以粮食表现的地租就会由于两种相反的原因而变得过高。

这里，有一个问题值得更加详细地予以考察：在什么条件下，可以利用劳动来确定这种地租。无疑地，人们想求得一个永远确定不移的地租，同时希望它也就是在每一个时期都适应于一定土地单位面积产量、并且总在土地净收入中占同一份额的地租。可是，在农业关系发展过程中，后一种地租并不总是符合经常适应于财货价值变动的前一种地租；唯有在无论劳动生产率如何变动，总是只在土地上投入同一劳动量时，这两种地租才相符合。但是，在农业发展过程中，同一块土地上投入的劳动量是随着民族的兴衰时多时少的。

第一种情况——投入土地的劳动量有所增加。这种情况发生于：或是以前已经占有但没有耕种的土地如今也开始耕种；或是，若旧的经营制度被另一种制度所代替，即以前已经耕种的土地如今进行更加精细的耕作（土地停止休闲，不再用作牧场）。无论哪种情况，净收入都有增无减。生产率则可能下降，可能上升，或者可能不变；它决定着粮食今后的价值（这里是指从粮食方面起这种作用，撇开了与粮食对比的各种商品同样可能发生的生产率变化）。如假设生产率和相应的粮食价值保持不变，就会很清楚地看到，以前确定的地租不再适应于已形成的比例。因为净收入现在可能值 1 200 日（取决于劳动量的增加），既然原定为八百日的地租如今照旧不变，则地租同全部净收入及其留归买者的份额的比例就要发生变化。前一个比例，原为⅘，现在为⅔。* 但是，如果随着劳动使用量的增加，生产率也有了变动，以劳动表现的地租也就要随着变动，因为它是完全适应于财货价值的变化的；不过，就地租与净收入的比例来说，当粮食价值毫无变化时，地租仍然是发生了不利于卖者的变动。

第二种情况——投入土地的劳动量有所减少。这时所发生的一切，同上述状况相反。或者是，原来的一部分耕地停止耕种；或者是，迄今采用的经营制度被另一种较粗放的耕作制度取而代之。

* 俄译本为 1/3，显系 2/3 之误。——中译者

无论是这种或哪种情况，净收入都有减无增。决定粮食价值的生产率这时可能增长，可能降低，也可能照旧不变。我们假设生产率不变，那么，由于劳动量在一定程度上减少了，净收入可能已经只值九百日。虽然既定的地租本身仍然保持不变，它同净收入的比例现在却发生了不利于买者的变化。以前这个比例为4/5，如今则为8/9。* 如果生产率同时有了变动，那么，虽然以劳动表现的地租是随着粮食价值由此发生的变化而调整的，地租同净收入的比例毕竟还是要改变的。

在罗马帝国衰落时期，它的经济往往是在帝国兴盛时期所订立的继承租约和地租契约的基础上经营的。上面所说的后一种规律，必然地引起了农业阶层的贫困化过程，这个过程加速发展，直到农民不得不抛弃田园和土地为止。西方文化自从奠基于德国以来，一直方兴未艾；如果订立继承租约和地租契约的习惯十分普遍，前一种规律就会产生丰硕的成果。在英国的无所不包的大地产中（亚当·斯密在第1篇第5章中谈到了这种地产，他仅仅想用标准的易变性来加以说明），这个规律无疑起着举足轻重的作用。然而，在农业的发展中，必然会出现这样一个时期，从此以后，投入土地的劳动量无法再增加了；这时，无论扩大耕地面积，或者采用更精细的经营制度，都不能提高土壤的利用率。从这时起，劳动就成为确定地租的手段，不仅能确定经常适应于财货价值一切变动的地租，而且能确定——就土地生产率状况来说——总是同生产率状况相适合的地租。因为，从此以后，等于800日的地租，无论

* 俄译本为9/10，从前后文看，显系8/9之误。——中译者

它以粮食表现的内容如何变化，也无论它的价值怎样变动，总是在净收入中占同一个份额。可是，以 800 舍费尔来说，如果 1 舍费尔的价值有了变动，加以 800 舍费尔在净收入中不再占有原来的份额，就会因而有别于既定的地租水平。

在农业发展进程中，劳动不可能作为一种手段来表现一贯受生产率状况支配的地租，而且根本不可能有这种表现手段，为什么呢？这是显而易见的。原来，农业的发展演变如果是向上增长，就会发生一种作用：犹如买者在他已购的土地之外附带得到了一块新地，在订立租约时，丝毫没有规定这块土地的地租，因而买者如今就把这部分地租完全据为己有；若是农业生产下降，就会发生另一种作用：无异买者失去了自己的一部分土地，却照旧继续支付全部土地的既定租金。

然而，即使农业在发展中达到一个固定的水平，劳动因而也可以用于确定同生产率状况相适应的地租，则如此表现的这种地租，仍然可能获得同人们的期望相异的内容。这是由于利息率变化不定的缘故。如果利息率下降，买者可以少用一些他所获得的产品，去支付在经营中占用的资本的利息，他在地租中占有的相对份额就有所增加；如果利息提高，他就要从自己原有的地租份额中再取出若干部分去支付资本利息，他所占的份额就会减少。这样，既然劳动又是经常反映财货价值变动的一个指标，因而人们必然认为，要达到这个目的，用劳动比用白银更好，那么，买卖双方在采用劳动指标时，为了消除农业发展过程和利息率变动的影响，终究还是必须在确定地租的同时，讲明地租在净产品中所占的份额，并且在过了一段较长的时间以后，重新考察这个份额，以便按照需要提高或降低地租。

关于己项。如果某一个时候说某人有1000德国塔勒的收入，这样，对于他的绝对财富和相对财富，都同样没有说清楚。没有说清楚绝对财富，是因为这里没有直接表明：此人凭借这笔收入所能拥有的各种生活资料其价值本身多大；没有说清楚相对财富，是因为这里更没有指出：这个单位所体现的财货量与其他个人同时所获得的财货量的比例如何。即使白银本身丝毫不受价格变动的影响，以白银表现的收入，在这方面也仍然没有作出任何说明。劳动不能用于表现绝对财富，这一点，李嘉图在反驳斯密时已经证明过了。其直接原因在于这样一个真理：相同的劳动量并不总是代表同一数量的财货。然而，一个人以劳动表现的收入，至少可以在一定程度上使大家对他的相对财富有一个概念，而无需了解此人所属国家的总收入。原来，一个国家的总收入（就价值来说），等于直接劳动产品加上体现工具磨损的劳动。假如土地和资本归国家占有，假如不存在使一部分产品转归私有者所有的产生租金的所有权，收入就应当只是在劳动者之间进行分配。每人所得到的份额，或他的收入，就会等于他所消耗的劳动时间，比如，一个人工作200日，他的收入就会等于200日。在这种情况下，收入是准确地随着每人完成的劳动日数而多少不一的。可是，在这种状况下，还是无法从某人以劳动表现的收入数字中了解他的相对财富，因为如果不知道其他人的收入，就无从知道此人的收入同后者的比例。然而，在大部分劳动产品分配于少数占有者之间、有些占有者所得收入多于个人劳动应得数额的情况下，以劳动表现的收入就能够使人

们了解，这项收入的获得者是否属于富人之列；至少，在收入数字超过每个人1年可能完成的劳动时间时，可以做到这一点。假若一个人1年的收入等于1 000日，他当然是一个富人，因为他之所以有这么多的收入，只是因为许多人得到的收入，都少于一旦土地和资本归国家所有、按照他们消耗的劳动所应得的份额；换句话说，是因为许多人都相对贫穷。不过，即使在这种情况下，以劳动表现收入，也只能大致判断相对财富额。

在结束本章时，我必须归纳其中几条基本原则。

价值，是一件物品对于其他各种物品来说所具有的数值，这个数值也就是一个数额。因此，它本质上是实际价值。要计量某一价值（某一数额）即确定这个价值本身，对它作出估价，就需要价值标准。这种价值标准，就其概念本身来说，无非就是被用作单位的价值本身，显而易见是价值本身的一部分。然而，这样的价值标准不仅极难表现，而且，在不同需要的各种环境中，它不可能是完全一样的。而实际上，甚至在最重要的情况下，这种“价值标准”也是根本用不着的；在某些情况下，似乎人们在寻求它，却也无法加以使用。在第一种情况下，人们只是想在价值上比较同一环境中、同一时间内的各种不同的财货。为此目的，必须把这些财货换算为一个共同的标志，它必须是一个尺度，它的各个单位都有自己的标准。这样的尺度，恰好可以用于对各种价值进行比较，因为它（在同一环境中、同一时间内）虽然不直接计量并确定财货价值本身，但却总是适应于财货的价值，随着价值的改变而变动，因而它在完成自己的任务时，总是确定着相应的价值。这实质上是价值的代用尺度[①]。现在的问题是，什么代用尺度最好？回答是，无疑地，最能保证一贯准确地反映财货实际价值的，就是最好的尺度。大家知道，贵重金属有一个缺点：它的作价基础本身是会变化的。相反，劳动是一切财货的价格规定的自然基础。如果因此设想——无论这一点已经存在，或者处于酝酿过程中——，财货所交换的数量，总是适应于每种财货中包含的劳动量，换句话说，财货甲总是同一定数量的财货乙相交换，或者价值相等，这个数量就是甲乙两种财货中的等量劳动；再换一种说法：值 n 单位劳动的财货量只是同值等量(n)劳动的财货量相交换，那么，劳动不仅可以同贵重金属一样地用作财货价值的代用尺度，而且可以比贵重金属更合适地用于这个目的，因为它非但不是一种受价格变动影响的物品[②]，而且总是财货价值的不变的尺度。在这个前提下，劳动可以同本身丝毫不受价格变动影响的财货一样有效地用于这个目的。同样地，人们力图利用"价格标准"达到的其他目的，也可以最有效地(在上述前提下)用劳动来达到。

① 人们通常把不是以白银表现、而是以硬币表现的财货价值称作名义价值。这个词更适用于以代用尺度表现的价值，即以白银表现的价值。于是，问题就在于：怎样最恰当地表现财货的名义价值？

② 不言而喻，这里我们所说的劳动，不是雇佣劳动，而是作为财货价值尺度的劳动。

三

租金一般分为地租和资本租金；因此二者的原则是一致的。在存在资本家特殊等级和原料产品价值充分的条件下，地租的独立化是出于计算资本租金的普通方式。

1

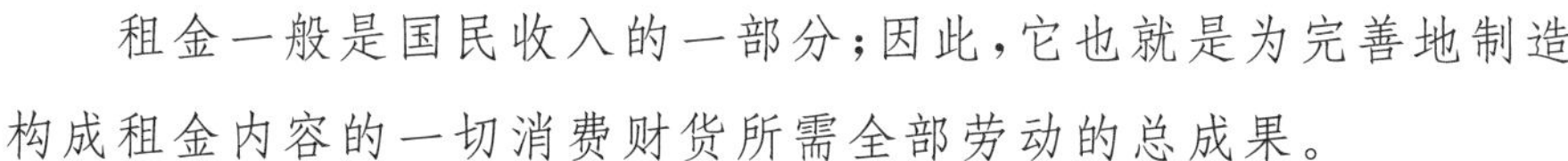

租金一般是国民收入的一部分；因此，它也就是为完善地制造构成租金内容的一切消费财货所需全部劳动的**总**成果。

什么是国民收入，可以从一个民族同一个生活于劳动分工之外的人的对比中窥见一斑。后者会将他可以直接用来维持自己生命的一切财货，即他在一定时期内所生产的全部直接财货，算作他的收入。如果这个孑然一身的人拥有资本，即备有工具和材料，则在一定时期内，他用这些工具和材料所能制成的直接财货，不会多于将来总会有的直接财货。这样，他同时必须使资本保持不变。因此，一方面，收入在数额上有一个经济限度，另一方面，就其本质来说，它只能包括一些直接财货。同样地，一个民族的收入，也只是它在某一经济限度内，在一定期间所生产的一批**直接财货**。这批直接财货，或者归直接参加生产、因而有权获得产品的阶级所有，或者归只因偶然占有财产而有权获得产品的阶级所有；依此分为工资和租金。可见，租金是无需任何劳动、凭财产而获得的一种收入。租金因其所凭借的财产是土地或是资本而分为地租和资本租金。这里提一下这种划分，只是为了表明整个租金的范围。对于实质和起源的研究，暂时只是兼及地租和资本租金的一般的研究；换句话说，就是对于整个租金的本质和起源的研究。唯有在谈到租金划分为两部分的原因时，才开始需要对这两部分逐一地专门加以研究。[①]

但是，作为一种收入的工资*，既不能理解为货币（一个工人只是以货币形式领得他所需要的消费财货的用款），也不能理解为实行实物工资制时所支付的那一份实物产品，因为这里所指的，总是这份实物产品同工人所需消费财货对比的价值，也就是指这些消费财货。同样地，作为一种收入的租金**，无论是地租或资本租金，既不能理解为一份实物农产品或工业制品，也不能理解为土地占有者和资本家出售这份实物产品所收进的货币额，而应当理解为靠这份产品而取得的直接财货的价值，即土地占有者和资本家靠自己在产品中所占的份额而得以拥有的直接财货本身。然而，在已有的论述中，包括在涉及地租的论述中，通常是不这样处理

① 在以后的叙述中，假定土地和资本的占有者自己经管财产，企业家等级因而不复存在，这样做，可以无损于正确地进行研究。因为，如果企业家利润不是来自使一人得利、另一人受损的交换偶然性，而是被看做是一整个等级的固定收入，那么，这种利润之所以能够存在，只是因为租金的最初获得者——土地占有者或资本家——满足于比以前减少的收入。对企业家利润（它的来源和水平，地租和资本租金在它的形成中所起的作用是否相同）的研究，同这里单独从事的研究关系很少，因而完全可以在此后进行。

*、**　着重点是中译者加的。

的。地租显然仅被理解为产品租或货币租。可是，谁没有看到，土地占有者和资本家以租金形式获得一种他们希望借以生活和享受的收入，正如工人以工资形式获得这种收入一样？谁又没有看到，他们正如工人一样，唯有靠已制成的直接财货才能达到这个目的？这样，在工资方面，我们通过实物工资和货币工资，必定会探溯到实际工资；在租金方面，情形也一样。

但是，要使财货适合于消费，就需要各种劳动，就必须根据这些财货的性质，运用种种劳动，使财货的制造臻于完善。因为唯有已制成的财货才能成为收入。几乎所有的消费财货——尤其是在存在租金的各个历史时期内——，在初步生产之后，至少都需要继续进行加工，其中多数还需要经过运输工作，才能最终制成。因此，土地占有者和资本家以收入形式取得的几乎全部财货，都不仅是分别经过了一种农业劳动、工厂劳动或运输劳动，而是多半都经过了所有这三种劳动，才生产出来或成为消费财货的；或者说，每一笔租金的内容，因而都不是只为获取这种租金凭证的某项特殊劳动或特殊企业的产品，而是由分工联合起来、参与制造各项消费财货的全体人员的活动成果。

又如，人们称地租为农业劳动在支付工资、偿付资本和支付利息之外提供的多余产品。但是，如果无法证明，农业劳动产品本身就已经可以成为构成一种收入的财货，这种多余产品本身就永远不可能成为租金或收入。可是能够这样证明的，只有熟果一项，因为熟果一经摘取，当即可以食用。不过，熟果未必是某人租金的一个值得一提的部分。其余各种产品，在成为已制成的财货以前，都还必须经过加工和运输劳动；假若这两种劳动的生产率不足以在为劳动者提供财货之外还为土地所有者制造财货，那些产品就会变成一堆废料。假设工业和运输业的劳动生产率高于达到这个目的所需的水平，但是农业劳动只提供为初步生产者制造直接财货所需要的一些材料，那么，资本家就无法得到能够成为人所共知的资本家租金的多余产品。这种多余的产品，只是作为多余的价值，才像是反映租金的一面镜子，但并不是租金本身。因为，多余的产品只是依靠同它对比并构成租金实际内容的已制成的财货，才成为多余的价值。已制成的财货只是利用这方面所需要的各种劳动，才达到最终制成的状态。总之，国民收入分为它现有各个组成部分的过程，不是在生产中就发生的，而只是在分享共同生产成果时发生的。①

2

一切租金——地租或资本租金——唯有在生产率很高，足以生产超过生产部门劳动者生存需要的财货时，才可能形成；换言之，租金对象只是在劳动生产率充分时才能形成。

有这样一种状况：不仅任何租金都根本不可能存在，而且全部产品必然留归劳动者所有。在劳动只能生产出劳动者及其家属的

① 综上所述，可见我认为劳动是财货的唯一生产力。然而我只是认为，劳动是从经济观点看来具有意义的唯一生产力，因为财货只以劳动为代价；不能否认，从财货的自然历史观点看来，参与其生产的还有其他生产力。可是，即使把自然、精神甚至资本作为“财货来源”同劳动相提并论，在实质上依然不会改变刚才证明的原理。那样，它只是说：地租和资本租金，是制造构成租金内容的消费财货所需的劳动、自然资料和资本联合作用的成果。

必要生活资料时，就会呈现这样的情景。这种状况在历史上曾经存在于狩猎民族。当时，人人都必须亲自成为猎人，是由于丝毫不可能使一个人靠另一个人的产品度日，因为每个人仅仅生产他本人所需要的那一点东西。其次，在这种状况下，一个人必然兼为劳动者、土地所有者和资本占有者（狩猎工具占有者）。这是由于没有人能够单纯地做一个土地所有者或资本家而生存，因为如果一个人把自己的一块地方借给另一人狩猎，或者把自己的弓借给另一人射箭，那么，那个人始终也只能猎获聊供自己充饥的一点禽兽。然而，假设狩猎突然变得生产率很高，每个猎人如今使用同以前一样的劳动，经常猎获的禽兽，除本人以外，还能供养两人，那么，就有了这样一种可能：猎人日后若还付出等量的狩猎劳动，一个人的这份劳动产品便可以同时供养另外两个人，而不需要他们付出任何劳动。这样就提供了获取租金的可能。在此处所分析的例子中，假定了一种狩猎劳动已经足以使财货处于消费时所需的制成状态。而如果假设，要烹制野味，还要进行另外一项工作，那么，要使上述可能性继续保持不变，这第二项工作也必须具备相当的生产率，即足以使一个人能够不仅为自己，而且同时为另外一人或二人烹制野味。假若做不到这一点，又假若猎获的禽兽不经烹制就无法食用，则无论狩猎的生产率多么高，每个人终究还是要再付出一次烹制野味的劳动。

可见，要使租金有可能产生，最终制成消费财货所需的各种劳动，一概必须具有足以达到这个目的的生产率。

不过，这一点只适用于作为必需的生活资料的财货。

在其余一切生产非必需财货的部门内，在劳动者只要获得必需生活资料的条件下，生产率不必高达一人能为数人生产的程度。因为，唯有假设必需生活资料的生产者生产出来的东西，除了解决本身需要和食利者需要之外，还足以供养另外几名劳动者（这种假设也是任何一种分工的必要基础），其他劳动者才会转而生产奢侈品，并且以这些不拘多少的奢侈品去换取我们最初所说的多余的必需生活资料。所有者会乐于拿出那份他不需要的剩余品去交换这些奢侈品，而如果收租人是所有者，这些奢侈品就会使他的租金有所增加。奢侈品制造工人的生产率不必高达能够为他们制造同样财货的程度，这一切情况也就会发生。

犹如足够的生产率是租金在客观可能性方面的唯一基础一样，租金的增加，也只有在劳动生产率提高之后才有可能（不言而喻，这是就相同的生产力来说的；如果生产力增长，即使生产率不变，租金额也要增加）。租金由于生产率的提高而增加，是通过两个途径实现的。其一，如果用于制造必需财货的各种劳动的生产率提高了，则可以靠新产生的剩余品，新增一些工人去从事奢侈品生产，这种剩余品的所有者若是收租人，这些财货就会使他的租金再次增加。其二，与此相反，如果用于生产奢侈品的各种劳动的生产率有所提高，则迄今从事这项生产的某些工人又可以转入其他生产部门，但因为收租人依旧是剩余必需品的所有者，所以新生产部门的成果也通过交换转归他所有，因而这时租金同样向上增长。我们毕竟看到了：租金总是在劳动生产率提高时才能增加。

租金总额愈大，就愈有更多的人可以靠它生活，不去从事（在经济上）生产性的劳动，而从事其他活动。如方才所说明的，租金额的大小取决于生产率水平。由此可见，国家生活的上层领域是同经济生活密切相关的，生产率愈高，国家的精神生活和艺术生活就愈能丰富多彩；前者愈低，后者也就一定愈贫乏。

的确，狩猎从来不会达到极高的生产率，使猎获物除了猎人及其家属之外还能养活别人。达到这种高生产率水平所获得的猎获物是根本不存在的，因为自然界本身不会在长时期内一直绰绰有余地生产可供食用的有机物。只有当劳动在这方面助自然界一臂之力时，才会出现这种情形。但是，从而狩猎必将告终，生产于是出现。耕作业也就从此开始了。

耕作业是使劳动生产率足以同时向生产劳动者之外的其他人经常提供必需生活资料的唯一基础。诚然，耕作业本身只是为必需的生活资料创造材料。但是，要把这种材料变成作为生活必需品的最终制成的消费资料，需要的劳动量并不是很大的。由于这个原因，同时，因为耕作业的劳动生产率很高，足以使耕作产品为产生超过劳动者需要的相当大一部分多余产品奠定基础。耕作业不仅为获取租金提供可能，而且使租金得以增加，使这种多余产品同时成为分工的基础。可是，不要发生误解。耕作业不是地租的根源，而是一般租金的基础，即地租和资本租金二者的基础。它既促成地租的产生，也同样促成资本租金的产生。[①]

① 耕作业是一个空前伟大的实业发现，因为没有它，就永远不可能出现租金，每人就不得不亲自从事生产性劳动，从而使文明失去任何发展的机会。但是，既然设想已经具备这个必要的基础，作为今后任何进步的先决条件，那么，新发明的蒸汽在生产上和运输上的应用，就能提高租金——地租和资本租金——额，也许净增数会等于迄今所有的租金总额；这样，由于自然形成的结果，就能使精神生活和艺术（就参加者人数来说）比迄今所能达到的规模加倍地丰富多彩。这种情况会不会出现，取决于国家经济组织，因为它可能使这样的原则根本无从发展。

3

如果劳动生产率很高，除劳动者必需生活资料外还能生产许多消费资料，若是存在土地和资本的私有制，这种多余产品就成为租金，即被他人不劳而获，换言之，土地和资本的私有制是获取租金的原则。

在这方面，土地和资本的私有制起着二重作用：

甲、消极作用。它表现为，劳动者从总产品中得到的东西，不超过他们维持生活所必需的限度。

乙、积极作用。它表现为，土地和资本的所有者得到其余的东西。

这种作用是这样发生的：

甲、关于消极作用。

如果劳动者的生产率像我们这里所设想的那样高，那么，在劳动者有了新的技能时，就会展现出新的财货源泉，即这种提高了的生产率所伴随着的一定生产方式。不过，唯有这个源泉同自然界的源泉合而为一，劳动才能以提高了的生产率创造财货。换句话说，如果没有受劳动支配的物质，劳动及其技能就会变得无能为力。若是不存在土地和资本的私有制，劳动者到处都可以找到制造工具和直接财货的材料，供自己使用，他们就可以随意进行生产，他们的劳动产品也就归自己所有。在这个新源泉供他们掌握之后，他们可以只为自己生产必需的生活资料，但比以往少劳动一些，也可以一如既往地劳动，但比过去生活得富裕一些；究竟宁愿怎样做，是一个任意选择的问题。现在假设土地和资本忽然变成一个人独占或几个人占有的财产，同时，在这块土地上生活着很多人，他们纵然有劳动力和劳动技能，但是失去了财产，未经所有者允许，根本无处运用自己的劳动。这种关系自然发展的结果会是怎样的呢？结果是，人们会满足于一部分产品，而且，由于许多原因，这一部分产品永远不可能显著地超过必需生活资料的水平。因为劳动者处于必须在由对方授意的契约上签字的境地，他不得不接受强加给他的法律。诚然，同土地占有者和资本家比较，劳动者对财货生产所作的贡献是一样的，甚至还要多一些，因为如果没有劳动者的精神和劳动这样的源泉，土地就会毫无作用。但是这个源泉的本质是：在它这方面，不可能存在土地和资本那样的独占状态：精神是自由的，技能可以为每个人所掌握。土地占有者和资本家本来也可以亲自劳动，因为他们也有劳动力。这样，如果说土地占有者、资本家同劳动者是互相需要的，则劳动者的处境终究是比较不利的。

乙、关于积极作用。

物品的所有权产生其派生成果的所有者；因此土地和资本的所有权产生产品的所有者。这样，土地占有者和资本家一开始就占有全部产品，而按照同劳动者订立的契约，他们仅仅拿出其中的一部分。假若不存在任何土地和资本所有权，劳动者就会是产品的所有者。但既然存在这种所有权，它就以自己的消极作用使劳动者只得到必需的生活费用，并且根据上述法律原则，把多余产品留给所有者。这种多余产品就是租金。

这种关系的实质就是如此。它的历史形式不是、也不可能是突如其来的。

耕作业以及土地和资本的私有制是租金的基础。然而，从历史上看，土地所有者最初曾经不得不亲自耕作，因为，由于劳动者的不允许，土地占有制不可能在租金出现的同时产生。在土地占有制产生以前，必须经历一个强制和培养习惯的过程。因此，劳动者等级只是以征服敌人的办法造成的。这首先必须具备两个条件：或者是俘虏被劫持到务农的胜利者的部落去，或者是胜利者定居于战败的农民的土地上——这要看胜败双方何者的文化水平较高。所以，唯有在耕作业产生之后，才有可能出现奴隶制。主人和收租者起初是一回事。[①] 劳动者的自由等级是由战败者和奴隶发展起来的。由于这个原因，同劳动者相比，所有者所处的地位，从历史上看来，比从这种双边关系的实质中直接产生的状况还要优越一些。原来，当奴隶获得解放的时候，他的劳动已经创造出并且形成了一批归收租者所有的财货储备，而劳动者虽获得了自由，却一无所有。此外，劳动者在当奴隶时就习惯于维持半饥半饱的苦日子，因此，从今以后他也就更加心甘情愿地满足于同样的生活。[②]

① 纯狩猎民族必然杀害自己的敌人。法律思想是同国家经济必然性携手并进的。

② 资本所有权和土地所有权在这里被相提并论，这是因为，二者在获取租金方面的作用实质上是相同的。尤其是在分工的情况下，生产需要资本，就像在一切条件下都需要土地一样，这一点就更切合实际。然而，资本私有制作为获取租金的基础，可以归结为土地所有权。独立存在的资本所有权永远也不会产生租金，因此租金最初是随着土地所有权的发生而产生的。前者是后者的必然结果。

4

既然存在着独立于土地占有者之外的资本家等级，租金就按照原料产品价值同工业和运输业产品价值的比例，在土地占有者和资本家之间分配。在原料产品价值充分时产生地租，必然是由于资本租金的计算方式所致。

可以成为租金的多余产品的产生和增加，取决于劳动生产率是否充分和是否有所提高。同样地，在生产率发展史上，一定有这样一个阶段，这时，租金还不足以分摊给两个等级。在这个阶段上，如今为土地占有者和资本家所获取的全部不劳而获的收入，必然为一人所占有。此人最初一定是土地占有者。而实际上，历史表明，特殊的资本家等级并不是从来就存在的。

在德国史揭开以前，整个古代社会都没有资本家等级。古代社会却可以采用一个规律：产品在完全制成以前，是不拿出去交换或出售的。的确，当时就已经有了劳动分工，也就是说，有些人制造原料产品，有些人把原料加工为成品，还有些人运输产品，但所有这些工作，自始至终，都是由一个所有者——土地占有者管理的；无论是使用自己的奴隶（这是比较普遍的），或者是依靠自由的雇工，都是如此。因此，产品在能够以制成的形式转交给消费者之前，一般是不易主的。当然，有些实业的经营单位需要一定的场所，由于这种性质，必定会有一些例外。可是，如果不把刚才说明的古代社会的经济关系看作一个基础，就不会彻底了解古代经济。从那种关系中，可以得出两个重要结论。第一，一切纳入资本的东西一定都是归土地所有者掌握的，劳动在劳动者生活必需品之外所生产的全部收入，或者说本质上可以成为租金的一切东西，都只被土地占有者独自据为己有。第二，土地所有者取得的这种单一的租金，不可能区分为当作地租和资本租金这两部分。因为，若在土地占有者的对面，并没有一个拥有财产的特殊等级，可以用这些资产去购买土地占有者的原料产品，可以用自己的资金对它进行加工，可以把超过支出的余额算作资本的利息，那么，就既不会产生独立于地租之外的资本租金，也不会产生一个尺度，可以用它在归土地占有者所有的租金总额中标明并抽象地划分出一部分，算作所用的资本的租金。因此，古代人甚至不可能有资本这个概念。他们只知道 foenus（增长、利息。——俄译本校者），他们的利息就是高利贷利息。

只是随着德国制度的发展，才呈现出土地所有者和资本家之间的差别。然而，给社会生活带来十分显著的许多后果的这种差别，唯有在政治法律制度的摇篮里才能有所发展。只是随着现代化城市的建立，随着城乡对立的合法化，随着大部分实业变成城市的特权（由此必然造成原料产品必须易主的后果），才逐渐建立了一个独特的资本家等级，形成了资本概念。而在土地占有者自己使用资本的地方，从此就有可能计算出一部分资本所提供的收入。同时，阿拉伯人的天才和德国人的勤奋赋予人类一系列重大的发现，它们提高了劳动生产率，所以即使在这方面，也没有什么东西妨碍差别的形成。仅仅采用风磨机这一项，就必定会使租金大为提高。

资本家等级从土地所有者之中分化出来，其直接后果是：原料产品在进一步加工以前就易主了，即由土地所有者转归资本家了。由此又直接引起了另一个后果：在一定时期内生产出来的全部国民产品分成了两部分，其中一部分属于土地占有者，另一部分属于资本家。但是，全部产品归根到底都是用于加工制成消费财货的；而且实际上，该时期的全部产品最终都直接或间接地同本期的收入相交换。[①] 因此，国民收入同国民产品一样，最初分为两大部分，其中一部分必定来自农产品，另一部分必定来自工业和运输业产品。因为农产品属于土地占有者，工业和运输业产品属于资本家，所以，最初来自农产品的那一部分国民收入也就属于土地占有者，来自工业和运输业产品的那一部分国民收入也就属于资本家。

资本家把属于他的、来自加工和运输产品的那一部分国民收入拿出一部分来，以工资形式给予他所雇用的劳动者。进一步说，土地所有权和资本所有权的分化，不可能改变所有权的消极作用，因为这个制度本身就是这样发生作用的：由于上述原因，工资只是相当于维持生活所必需的财货量。还有一部分收入，归那些修复资本家已磨损的工具的人们所有。也许这些人是直接受雇于资本家的劳动者；也许资本家用这一部分收入去购买或交换工具所需换用的部件（见第 4 章），其结果都一样。余额构成资本租金。它是这样计算的：全部企业家基金是除数，租金是被除数。为了求得一个统一的尺度，以 100 作为资本的单位，也就是说，以百分比来计算租金。既然资本家向外付款，也就是以付酬的方式（这种报酬，只能是国民收入中的那样一部分，如果资本占有者亲自使用资本，所有权制度就会把这一部分提供给他自己），把获取一部分收入（即属于使劳动者就业的资本的一部分收入）的权利让给了另一

① 在这里，资本永远是不会减少的，具体情况在第 4 章中说明。

个人，该人由此成为区别于资本家的企业家，因此，利息率也就按同样的方式计算，利息因而最终总是受资本租金水平的调节。在这里，在计算资本利润时，必须把它理解为应当在资本价值总量上加以计算的价值总量，而不要把它理解为实物量。麦克库洛赫同其他一些作者一样，在这方面犯了错误。他称利润为“超过商品生产所使用的资本量的多余商品”；然而他又认为，这种多余总是被当作“生产中所用资本的一个可以除尽的部分”。可是，被麦克库洛赫理解为利润的这种超过资本消耗的实物剩余，由此推论，在某个企业的生产率提高时，是可以随之增加的，其本身永远也不可能表现为资本的可以除尽的部分，因为资本和利润，就各自的实物成分来说，包括各种不同的财货。例如，玻璃制造者可以把已制成的玻璃表现为所用材料、工具和建筑物的可以除尽的部分。但是，可以说，这两类财货最初必须换算为一个分母，这个分母就是价值。可见，只有超过商品生产所用资本的商品价值的剩余，才能表现为资本价值的可以除尽的部分。[①]

① 麦克库洛赫曾经以提高了的劳动生产率为依据，反对李嘉图的利润下降论。虽然由于另一些原因，李嘉图的那个理论本身并不是很正确的，但是根据这里的分析，麦克库洛赫的异议也就不攻自破了。原来麦克库洛赫自己就说：“实际上，十分可靠的是，既然利润的增长是由于工业生产率的提高，13 000 夸脱的实际价值”（按劳动计算的名义价值）“不会超过以前用等量劳动所收获的 12 000 夸脱的实际价值”。然而，承认了这一点，同时也就是承认提高了的生产率丝毫不会使利润有所增加，因为唯一可以表现为资本价值的可除尽部分的价值剩余照旧未变。麦克库洛赫之所以有这么大的误解，或者是因为他没有概括生产率提高的几种情况，而只是勉强地假设，某一个企业家在其余所有企业家的生产率一概保持不变的条件下，提高了生产率，因而其价值有了盈余；或者是因为，他在举出农业的例子时，设想资本和剩余都同样以夸脱小麦为单位，因而不知不觉地用 1 夸脱小麦作为价值尺度，同时却又以为要把它看做实物产品。

来自农产品的那一部分国民收入，起初是属于土地所有者的。土地所有者也要把其中一部分给予农业劳动者，把一部分给予修复他的工具、建筑物等的人们，还有一部分要算作他自己的一般资本利润。十分清楚，土地所有者的份额应当不低于这个水平。如果这个份额还要高一些，那么，在扣除这一切可能扣除的部分以后，土地所有者还掌握着一个余额。这个余额就是地租。土地可以进而按地租化为资本。这就是说，地租被当做利息接受，相应的资本数额按通常的利率计息。

这个余额怎样会归土地所有者掌握的呢？这是因为来自农产品的那一部分(限额)国民收入有所增加。那么，农产品又是如何成为国民收入的大部分呢？这是由于农产品的价值同工业和运输业产品的价值相比，较前提高了。

国民收入，按其价值来说，就等于农产品价值加上工业和运输业产品(除去用作补偿工具的产品。这部分产品，或者以修复工作工资的形式，由土地占有者或资本家分别从属于其产品的国民收入份额中拨付，或者由他们从独立的企业家那里换取；在后一种情况下，他们拿出去交换的东西，其本身又构成租金和工资。见第4章)的价值。既然现在土地占有者和资本家以农产品和工业、运输业产品换得国民收入，即在国民收入价值中实现产品价值，因此，不仅国民收入全部同农、工业和运输业产品相抵，而且，国民收入中分别来自农产品或工业、运输业产品的各部分，也都必然按比例地决定于原料产品和工业、运输业产品的价值比例。随着原料产品价值同工业、运输业产品价值比例的升降，按比例形成的属于原料产品的国民收入份额相应地增减。就工业、运输业产品价值来说，也发生相应的变化，只是成反比而已。假如农产品的价值等于7，工业、运输业产品的价值等于5，则7/12为农产品的份额，5/12为工业、运输业产品的份额。若是工业、运输业产品的价值降为4，则它只占国民收入的4/11，而农产品的份额为7/11。如果农产品的价值又增为8，国民收入就以2/3与1/3的比例进行分配。我们看到，因为国民收入总是要准确地符合于农产品与工业、运输业产品的价值总和，所以这两类产品的价值比例准确地决定着国民收入中的份额比例。

由于原料产品的价值有充分的提高，也就是说，由于国民收入中属于原料产品的份额达到足够的幅度，土地占有者必然会亲手获得这个经过各项必要扣除之后剩下的、称作地租的余额。

原来，如果国民收入中来自工业、运输业产品的份额，即资本家在资本相等时所得到的那一部分没有降低，那么，来自原料产品的份额，或土地所有者得到的那一部分就不可能提高。属于工业、运输业产品的定额数，必然决定着资本租金水平。这个定额降低，资本租金就随之减少，因为这时，较少的数额同另一个照旧未变的数额对比，前者与后者的比例也就降低了。这就直接说明，随着原料产品价值的提高，即国民收入中来自原料产品的份额的提高，可以成为地租的这个增加额就落入土地所有者手中。如果来自原料产品的国民收入份额的新增部分，又要纳入农业资本租金，因而资本租金同时增加，那么，这种情况就不会发生。但是，这要以某种不可能的事情作为前提。国民收入中属于原料产品的份额，唯有在属于工业、运输业产品的份额减少的条件下才能够增加，因为这里谈的正是国民收入的有限部分或细小部分。而工业、运输业产品水平决定着资本租金水平。国民收入中本来属于原料产品的那一部分的新增附加额，构成了地租，由此必然引起的资本租金率的降低，势必成为刚才发生的地租有所提高的又一个原因。这样一来，要同时提高资本租金水平，就更不可能占用这个新增附加额了。因为资本租金一旦降低，则在农业中，在租金率下降后，对于以前租金率较高时被当作普通资本租金的一切，也就不能再继续认为是普通租金了；很明显，这方面所发生的余额，也一定要成为地租。

既然以这种方式形成了同样的余额，则显然，这个余额无论如何都应当看做是、并且计算为归土地占有者本身所有的一项特殊租金或地租，因为它不可能列为其他任何项目。须知，属于工业、运输业产品的份额，在扣除上述两笔款额以后留归资本家的那一部分，无论多少，总是一概全部纳入企业家基金或算做资本租金。可是这样一来，同时就为土地占有者规定了一个定律，他应当据以计算属于其产品份额、作为其资本租金的那一部分的数额。如果资本家的份额小，也就是说，资本租金率低，因此土地所有者的份额大，即高于按给他规定的资本率计算所能得到的结果，那么，这个再也不能列为其他任何项目的余额，就单独成为一种特殊的租金。它之所以有理由称作地租，是因为它归土地占有者本身所有。

要提供地租，属于农产品的份额，即农产品的价值，根本不必提得很高。这是因为，包括资本家份额的企业家基金，还含有外购的材料，而在农业生产中，土地本身就是材料[①]，并没有这种应当进行核算的材料。可见，当原料产品只具有自己的正常价值时，地租就已经应当存在了。我所说的正常价值，是指符合于按劳动计算的费用的价值。原来，如果认为，在农业和工业中使用的资本，除了工业中的材料以外，是同有关产品所值的劳动量成正比的，并且估计到，属于工业的那一部分产品，是把材料附加进去计算的，由此得出农业用资本租金率，那么，既然农业中没有需要附加于资本租金的材料，属于农产品的份额就必然表现为一项不纳入资本的收入，即地租。然而，这总要以劳动生产率足以提供租金为前提。

由这个地租理论显然可以看到，像一种同资本租金并列的、除了采掘生产外其他任何地方都不存在的特殊租金那样，地租的发生仍与农业更高的生产率毫无关系，也不能归结为由于 petitio principii（预期的原理）而凭空臆想出来的在土壤中发生作用的自然力的贡献。构成地租的财货，是一些同形成资本租金的产品一样的劳动产品，或劳动与资本的产品，或劳动、资本和自然界的产品；尽管如此，在工业和运输业中却并不产生地租。地租只是在采用普通方式计算资本租金时，从取决于原料产品一定价值的国民收入数字分类中产生的。

通过这个理论，重农主义者和李嘉图的错误都同样一目了然

① 有一种观点认为土地是机器，马尔萨斯特别发挥了这种观点。我觉得，它是站不住脚的，并且给地租理论带来了许多混乱。见下文，并见：泰尔：《合理耕作原则》，第4篇，序言。

了。

查哈利叶没有白说，重农主义者实质上还没有被任何人驳倒。的确，亚当·斯密没有这样做。他认为，农业除资本利润外还产生地租，因而比工业和商业生产率高，超过的部分就是地租总额；不过他断言，重农主义者不明确含义地使用了"生产性的"一词，因为工业和商业也创造价值。然而，只是由于农业生产率较高这个似是而非的特性，或者说，由于以其数额使农业生产率高于工商业生产率的这个 produit net（净产品），重农主义者才认为农业是唯一生产性的。因此，亚当·斯密同他们的争论，只是字句上的争论。事实上，如果向占统治地位的理论提一个问题：劳动和资本使用于土地，一般地说，除了补偿资本和资本租金以外，还能提供地租，而在用于工业或运输业时，则只限于提供资本租金，这是怎么一回事呢？那么，这个理论，只能像重农主义者那样给予答复。根据这里所发挥的理论，是很容易说明这个错误的。首先，问题的提法是不正确的，因为它包含着 petitio principii（预期的原理）。问题应当这样提：一般地说，农业企业家除普通资本租金外，还获得叫做地租的另一种特殊租金，而工业、运输业企业家却只获得普通资本租金，这是怎么回事呢？回答是：因为国民收入中属于原料产品的份额，只是在属于工业、运输业产品的份额减少时才随之增加，而后一个份额又决定着资本租金率，这样确定的资本租金率也就决定着摊到农业资本上的租金额，所以，如果原料产品具有足够的价值（原料产品价值调节着国民收入中属于原料产品的份额），则农业企业家必然应该拥有若干多余的消费财货，这个余额无法再列入其他项目，

它作为一般的租金,即作为由于占有关系不劳而获的东西,理应称作地租,因为它最初的获得者是身为原料产品所有者的土地所有者。

唯一没有误入重农学派的歧途的地租理论,是现代英国学派的理论。重农主义者犯的错误是,他们把原始历史状况作为自己研究工作的唯一基础。在那种状况下,不存在区别于土地占有者的资本家特殊等级,可见,全部租金是由土地占有者据为己有。所以下述事实是他们津津乐道的论据之一:直到如今,在中国和印度,对土地占有者、手工业者还挨家替他们所占有的原料产品进行加工。李嘉图犯了相反的错误。他是从现代殖民地状况出发的。这些殖民地的开拓者,是一些由于当前土地占有者同资本家的分化而已经了解资本租金概念的民族。在这些殖民地中,富饶的空地同较前增长的农业知识和为数不多的殖民者的技巧结合起来,确实使农产品的价值变得极低,使全部租金都成为资本租金。既然殖民地的土地土质不同,原料产品价值提高后,促使人们耕种比已耕地土质较劣的土地,那么,两类土地的占有者收入的差额,当然就表现为一种特殊租金。这样,李嘉图也就完全避开了重农主义的暗礁。因为这个差额来自数量有限的优质土地占有者所拥有的自然垄断。但是,这个理论实质上根本不是地租理论,因为它所说明的不是一般地租的产生,而是地租在各个土地占有者之间的分配(假设土质不同)和各种特殊地租的差别。对于李嘉图来说,只是在最后耕种的劣等地也开始提供地租时,才开始有地租理论,而这种情况,就像一个土质处处相同的国家会人口密布那样,是可

能发生的。[①]

5

租金水平既不能同租金的名义数额混淆，也不能同它的实际数额混淆。

在国民收入中所占的份额形成租金水平。上面已经指出，国民收入中属于工业和运输业产品并纳入企业家基金的份额，决定着资本租金率，因而也决定着利息率。大家都肯定地说，资本租金和利息的比例数愈高，资本租金和利息就愈高，因为资本租金率和利息率愈高。同样地，唯有土地的资本价值由于国民收入中属于土地产品的份额增加而有所增长，地租才会提高。

可见，租金水平是随着属于原料产品或工业、运输业产品的国民收入份额的增减而变化的。同时，租金还会在它的实际数额和

① 李嘉图认为，最后耕种的劣等地即使不提供地租，它的产品终究还是具有等于其中所含劳动量的价值。这是一个矛盾。他之所以陷入这个矛盾，是因为他硬使劣等地产品价值受资本租金相等原则的调节，这个原则推翻了价值符合于所消耗的劳动量的论点(见第 4 章)。因为，只要一般劳动在这方面具有足够的生产率，并且农产品的价值等于所消耗的劳动量，则地租如上所说，是一定存在的。这样，凡是土地不提供租金的地方，那块土地的产品价值就不会达到足够的水平。

我所创立的租金理论的特点，以及它同以往一些理论的区别就是：后者认为各种实际存在的租金同有关的土地和资本有直接的因果关系，这里则把租金看做是必然参与其事的所有人共同行动的结果，它只是由于土地和资本的私有制，才在各个占有者之间分配。在各个土地私有者和各个资本家之间，根据什么原则进行这种分配，这已经是一个第二位的问题，有别于什么是一般租金原则的问题。在答复后一个问题时，必须设想，只有一个唯一的土地占有者和一个唯一的资本家，而各种分工则依然可能存在。

名义数额方面发生变化，因此不能把水平、实际总额和名义总额三者混为一谈。租金水平仅根源于在产品中所占的份额。租金的实际总额取决于构成本国租金的实物总量。名义总额是以一般价值尺度表现的租金总额。同时必须分清，价值尺度是像劳动或其本身不受价格变动影响时的白银那样固定不变的，还是像现今的白银那样变化不定的呢？若是后一种情形，在所考察（考察的基础，可以是同一生产率水平下的不同生产力总和，也可以是同一生产力总和下的不同生产率水平）[①]的三方面中，某一方面发生任何变化，租金都不应该引起另一方面的相应变化；相反地，其中每一方面都可能发生同另外两方面或同某一个方面相反的变化。这些可能发生的情况是容易了解的。如果设想有一个固定的价值尺度，就应当进一步分辨清楚，这里是同一生产率水平下的不同生产力总和相比较，还是同一生产力总和下的不同生产率水平相比较。在前一种情形下，名义总额的变化一定总要引起实际数额的相应变化，然而租金水平则可以不受这种变化的触动。在后一种情形

① 应当分清生产力和生产率。生产率是生产力的效用或强度。生产率不提高，生产力也可能增长；生产力不增长，生产率也可能提高。生产力可以按劳动来衡量。例如，一个国家，由于工人阶层的增长或劳动时间的增加，所使用的劳动量增长了，那么，如果一小时的劳动只生产与以往相等的财货，那就是生产力增长了，而生产率并未提高。相反地，若是由于精神再次战胜了自然界，1 小时的劳动能生产多于以前的财货，那就是生产率提高了，虽然所用的劳动量即生产力照旧未变。生产力和生产率的关系，大致相当于国民财产和国民财富这两个概念的关系：前者决定于生产力总和，后者决定于生产率水平。因此，如果设想国民财产是以不变价值尺度表现的，则“同一生产力总和”一语，可以代之以“等量国民财产”的概念；这时，国民财富毕竟可能是迥然不同的，犹如以同一不变价值尺度表现的过去的劣等工具，可能等于现今的优质机器，而二者对生产的贡献则是悬殊的。

下，名义总额和水平的变化将是同属一类的，实际数额则可能避免这种变化，而自行变动。这些情况也是容易设想的。

我们看到，任何场合，都必须区别（也就是说要着重表明）租金在这三个特殊方面的变化。只对决定于在国民收入中所占份额的租金水平使用“高”“低”二字，是最合适的；这一则是因为，“名义总额”和“实际总额”二词，已经最符合各自的含义，二则是因为，资本租金率以至利息率的提高或降低，的确是仅取决于在国民收入中所占份额的变动，而且在平素遣词用字时，人们也根据资本租金率或利息率的升降，用高或低去形容资本租金。

顺便指出，既然区别租金的水平、名义总额和实际总额是正确的，那么，为了同样地说明相同的关系，必须把这种区别方法推广于工资。工资水平也会在名义数额、实际数额、占产品的份额这三方面发生变化。如果一时采用变化不定的价值尺度，这三种变化就不会彼此相适应。若是名义工资有所变动，这种变动只会是由于价值尺度变化不定所致，而工资实际数额和在产品中所占的相对份额都可能照旧不变。同样地，实际数额可能发生变动，而同名义数额和工资在产品中所占份额的变化毫不相干；这时，问题只在于生产率的变动。最后，作为产品一部分的工资同产品其余各部分的比例可能变动。工资所占的份额可能有所增减，而其实际总额和名义总额这时可能依然不变，或者发生相反的变动。假设采用固定的价值尺度，也应当在工资方面分清：工人取酬的日劳动量是照旧不变，还是有所变动，比如说有所增加呢？若是前一种情形，则名义工资总额的变动，总是与它在产品中所占份额的相应变化同时发生的。例如，劳动时间为每日 10 小时，工资包含 4 小时的价值，则以劳动为价值尺度时，工人分摊到产品的⅖；显然，如果工资在全部产品中的比重不发生相应的变化，工资无论如何连1小时也不可能增减。如果我们在白银本身不受任何价格变动影响的条件下，以白银对产品和工资进行估价，结果也是一样。实际数额要变动，只有在其变动丝毫不影响名义工资总额或比重的情况下才会发生。若是上述后一种情形，即工人取酬的日劳动量有所增加，则名义数额的变动就不会使比重起相应的变化：名义工资数额可能增加，工资在全部产品中所占的比重却可能下降。例如，劳动日可能延长到15小时，而工资由4小时增为5小时，则工资的比重仍然会从⅖降为⅓。以其本身不受任何价格变动影响的白银对产品和工资进行估价，会得到同样的结果。同前一种情形相反，这时，实际数额会同名义数额发生均等的变化。无论怎样，我们看到，对于工资，也应当分别说明这些不同类型的变化。由此可见，李嘉图把通常用于或适合用于租金的类似方面的术语也运用到工资上去，按照工资在产品中所占比重的大小评定工资的高低，这不是无可非议的。大家知道，政治经济学家极少从这个角度研究工资，如我们将在后面看到的，现今国家经济状况中一些极大的弊病，就是产生于这种疏忽。

6

相应租金的水平同相应劳动的生产率成反比。

在国民收入中所占的份额取决于相应产品的价值量，因此相应产品的价值分别决定着地租水平和资本租金水平，也就是决定着利息率。所以,工业、运输业产品的较低价值必然带来低额资本租金和低利息,原料产品的较高价值必然产生高额地租。反过来说也一样:原料产品的较低价值必然带来低额地租,价值降到一定的程度,地租甚至会完全消失;工业、运输业产品的较高价值必然伴随有高额资本租金和高利息。但是,这里一直只是谈论相应产品的相对价值,因而这种产品的价值无论发生什么变化,都会使另一种产品的价值发生相反的变化。资本租金和利息应该降低,是因为原料产品价值的提高;地租应该增长,则因为是工业、运输业产品价值下降。

生产率既然是产品价值的最深刻的根源和稳固的决定性基础,它也就是最终决定租金水平的基础。由于生产率的提高使价值降低,租金水平和生产率成反比。而且,因为一种劳动的生产率的提高,必定要使另一种劳动的产品所占的份额有所增加,所以,即使制造后面这一份产品的劳动生产率也有所提高,但提高的比例不同于前一类劳动,则后者的份额仍然会提高。可见,工业、运输业的生产率比农业劳动提高得愈多,资本租金和利息就下降得愈低,地租也就相应地增长。农业的生产率比工业、运输业降得愈低,或者虽然没有以同样的比例提高,地租就一定会提得愈高,资本租金和利息也就会相应地下降。这里还应当反驳一种可能产生的异议。也许有人会持异议说,如果工业、运输业企业家所摊到的那一部分国民收入因为相应劳动的生产率高而显得很少,则资本也必定和应该较少,因此,资本同租金的比例,即同资本租金和利息的比例,可能会保持不变。由于劳动量的减少使生产率提高,而资本又还原为劳动,所以较前提高的生产率表现为较前减少的资本。然而，这个异议只有一小部分是正确的。原来，资本家的份额是以对全部企业家基金的百分比计算的。材料在其中表现为最大的数字。可是工业、运输业已提高的生产率，恰好毫不涉及资本的这个最大的部分。既然这里一般说的只是工业和运输业生产率的提高，则资本的最大的这一部分是单独发生作用的。在国民收入中所占的份额必然同生产率的增长成比例地减少，而资本只有最小的一部分较前减少，最大的一部分依旧不变，因此，份额同资本的新比例，终究还是要发生变化，即利息率会下降。

采掘业同工业、运输业生产率的这种相互关系，包含着一个最终的规律。它支配着地租和利息率的动态。同时，如果现今社会关系的发展，不会像在罗马帝国那样倒退，这个规律还会使地租日益增长，使利息日益下降。

不过，还有一个很有意义但并未解决的问题：农业生产率是日益降低，还是以不同于工业和运输业的比例逐渐提高？当然，无论怎样设想，地租一定会提高，资本租金必然下降，但是撇开更为重要的其他结论不谈，一升一降，幅度是不相同的。

现代英国作者几乎全都把关于农业生产率下降的论点当做不言而喻的道理。然而，理论和经验可以举出很多理由来反驳这个论点，使它根本不成其为无可辩驳的论点。这种生产率的不断下降必然有两个原因：一是开始耕作劣质土地，二是已耕地的新增投资不再提供原有投资那样的效果。这个观点，是同另一个观点直接相关联的。后者认为，土地——各种不同等级的土壤的混合体——犹如生产率高低不一的各种机器的总合，农业起初使用最好的机器，以后转用愈来愈坏的机器，而工业和运输业则是以坏机器起家，逐渐改用日臻完善的机器。但是，这个观点，对土地的农业本质作了极不正确的描述。

土地对农业来说不是工具，而是材料。应当把土地看做是一些物质成分的储藏者和仓库，农产品由这些成分构成，农民利用这些成分以自己的劳动创造农产品。当然，农民同时还得到伴随这些成分的自然力和求生欲本身的支持，但工业和运输业也有这种情况，虽然这里起支持作用的自然力是另一类型的。

产品的获得取决于土壤中包含的、产品所必需的这些原生物质的总量、比例和构成。因此，这些物质成分消耗多少（如果这些物质都是为人们清楚了解的），就应当补充多少，并且要有所增殖。农业的艺术乃是在于：根据社会的需要，不仅使土地所包含的原始资本保持不变，而且使它较前增加。因为人口愈是增加，他们所需要的产品就愈多，要从土地之仓中吸取的东西就愈多，今后的这种储备就愈要充分。

起初，这些原生物质的储备在土地中的分布，在数量、比例和构成上都是不均衡的，也就是说，有各种不同的土质或不同等级的土壤。由此最初就产生了收获量的差异。例如，美国从烧光的处女林地上收获的产品，同玛科沙地上的收成相差是何等大呵！如果以后社会的需要使人们不得不耕作劣质地，则开始时农业生产率当然要下降。即使已耕地的新增投资，最初也会有这样的发展过程。不过，对于这方面的新增投资，只应当理解为由于实行另一种比较精细因此费用较高的耕作制度而必须增加的投资。因为，在原有耕作制度的范围内增加投资，如果不是发生在前述开始耕作劣质地的情况下，那么，其结果或者是直接提高了生产率，或者是对这里所说的问题无关紧要。起初，各地的农业都是这样发展的：不是耕作全部土地，而总是轮流耕种其中一小部分。这无异于把耕作部分的面积看做土地面积，然而年复一年地进行耕作。不过有一点区别：一部分土地不耕作的时期，用于在风吹、雨淋、降雪和自然生长的条件下，使产品所需的这些原生物质得到若干补充，也就是说，使通过施肥经常还原于土壤的这些物质成分的储存得到增补，从而使土质更肥，产量更高。这里所发生的过程，就像面积相当于已耕部分的土地年复一年地耕作，在一定的施肥制度以外，不花费劳动和费用，来源不明地得到了原生物质的补充；也犹如一年又一年地耕作越来越肥的土地，肥力的增加相当于上面所说的增补量。如果社会的需要扩大了农业的规模，即为了供应更多的产品，必须改变原来耕作一部分土地的办法，实行耕作全部土地的制度，那么，即使肥料按原有的比例增加，其结果仍然无异于开始耕作较前贫瘠的土地，肥力的下降相当于“休耕”所提供的上述全部增补量。从这时起，耕作费用将大致按耕地增加的比例经常上升，而耕地的收成必然按增补不足的比例不断减少。因此，农业的扩大，无论是粗放经营，还是精耕细作，起初，生产率都是要下降的。

然而，任何一个农业制度，在经常实行的过程中，都不仅要使土壤中的成分还原，并且要使其不断增加，否则就不配称为农业制度。而实际上，每种著名的制度，除配备不足的牧场三区轮作制外，都起到了这个作用。因此，扩大耕作面积所造成的生产率下降的趋势，遇到经常的反作用，直到原来的劣等地可以同原来的优等地相提并论，新制度对于面积和资本都开始产生与旧制度同样的效果时为止。这样，下降的生产率就完全趋于平衡，从此以后甚至会变成上升的生产率。这个理论只注意到了无需特殊消耗的一般经营方式。但是还有一些特殊的资本消耗，例如施用肥料和淤泥，这些费用可以一举就把土地的肥力提高到经过几次轮作才能勉强达到的水平。

这个理论，无论整个说来，或者就局部而论，都应该用经验来证明。

诚然，很早以前就有一些农业活动，它们同这里所说的生产率下降趋势极少冲突，犹如本身就包含着这种趋势。可以说，殖民地的任何一片土地起初都是滥加使用的。同样地，在上一世纪的物价上涨时期，三区轮作制超过它能够施肥并且保持肥力的限度，把过多的牧场变成了耕地，使德国许多地区遭受了巨大的损失。不过，虽然农业只是在现今才可以说达到自觉认识的地步，因而唯有将来才能彻底驳倒生产率下降论，但我们如今在这方面毕竟也已经有了某些经验。梅克伦堡自从上世纪前半叶开始推行它迄今还在采用的经营制度以来，有了比过去面积大得多、但是各级各类土地的肥力都有增加的耕地，因此，确实使生产率有了普遍的提高。显然，这种经营制度实行更长一段时期以后，生产率必然会提高。英国自上世纪中叶开始采用换种制。但若把全国总收成和务农人口的比例作一今昔对比，其结果将有力地证明生产率的提高。泰尔把肯特伯爵的全部领地作为土地价值普遍提高的一个例证；每个农业单位都有类似的比较带有局部性的经验。

然而，无法否认，农业生产率的提高，其幅度远不及工业和运输业。这是由于农业劳动较少能使用机器的本质所决定的。问题在于，农活比起工业和运输业劳动来，种类多得多，机械性则较弱。工业、运输业劳动只是对工厂主经常拥有的材料进行加工，而农业劳动则一面对土壤或原生材料进行加工，使之变成必要的产品，一面还要不断发掘这种原生物质。农业经营者犹如集工业的大成。他是工业的缩影，因为作为一个农业经营者，他同时兼为农业经营者、工厂主和运输者。即使农艺化学为农业开辟的光辉前景，也将无法改变工农业生产率水平的这种对比关系。那样一幅前景实现以后，仅能更加有助于驳倒农业生产率下降论和同它密切相联系的马尔萨斯人口论。

在某种作物中，可以用较少的劳动生产出比迄今谷物所含养分更多的养料。推广这种作物，可以抵制上述农活的本质所造成的地租的提高。这种抵制是一时的还是长期的，取决于种植一定面积的新作物所需劳动量与种植同等面积的旧作物所需劳动量之比。如果前者小于后者，则地租一旦下降，就不再回升，除非增殖的人口把新食品提高到它的正常价值以上。如果前者大于后者，地租的下降只是一时的，这正是因为，现有人口所需的养料，如今可以只在现有全部耕作土地中的一部分土地上，用较少的劳动去生产。在这种情况下，新作物的种植所起的作用，无异于一个民族所生息的土地有所增加；其结果，类似殖民地的土地和殖民者人数之比所造成的结果。但人口很快就要增加，在种植新作物的条件下，地租终于也要较前提高。可是，这并非像亚当·斯密所想的那样，是因为新作物可以供养更多的劳动者，而是因为更多的劳动者参加了新作物的生产。

根据这些原则，应当估计一下马铃薯对地租所已经起到和将要起到的作用。

假设同一面积的马铃薯提供相当于稞麦2.5倍多的养料，马铃薯和稞麦所含等量养料的生产费用之比为3∶4，则在面积相等时，种植马铃薯和稞麦所消耗的总价值之比就是15∶8。换句话说，种马铃薯时的地租会比种稞麦时的地租将近高1倍。然而，唯有在迄今种粮食的全部面积都改种马铃薯，并且马铃薯终究保持其正常价值时，才会产生这种结果。而正常价值唯有在人口数字相应增长时才能保持。相反地，在人口数字不变时，人们突然由稞麦改食马铃薯，不但会使现有耕地面积中的4/5*停止耕种，而且会使地租以4∶3的比例降低，因为以马铃薯形式提供养料的劳动生产率高于以稞麦形式提供养料的劳动生产率，如上所说，二者为3与4之比。当然，一种作物被另一种作物挤掉，是从来不会突然发生的，而且从我们今天所知道的施肥理论的材料看来，马铃薯也不可能完全挤掉稞麦。因此，推广种植马铃薯，无论就全局来说，还是就局部而言，都不可能突如其来地发生作用。但是，这种作用的扩大，当然会包含着发生两种对立影响的趋势，这取决于：此种作用只是使原有人口不再消费粮食，还是引起促使人口有显著的增加。分析一下像今天这样大规模地种植马铃薯，例如在普鲁士国家内，这两种趋势何者会出现，是相当有意义的。

可以认为，当马铃薯还没有以现今的规模种植的时候，原普鲁士国土内那时的粮食消费量平均每人是6舍费尔，而今天的消费

* 俄译本如此，疑为3/5之误。——中译者

量可以估计为4舍费尔。这两种消费量之间的差额，无疑就是由马铃薯造成的。以普鲁士国家现有人口为1 500万计算，就要承认，如果没有马铃薯，则国内消费量一年就要比种植马铃薯的今天多3 000万舍费尔。这个数字，大约比同盟（指1834年以普鲁士为中心成立的18个德意志国家的关税同盟。——俄译本校者）各成员国最近几年的年平均出口总额大4倍。无疑地，粮食的需要量这样增加以后，不仅足以把大面积的森林和牧场改种粮食，而且会促使人们改变目前普鲁士大部分土地上的农业经营制度，实行迥然不同的制度。如今这些土地上的农业就会面貌全非，地租也无疑会比现在的实际数额高得多。可是，这个结论终究还不完全正确，因为现今人口所以如此之多，也许只是由于种植马铃薯的结果。但是，纯粹因种植马铃薯而增加的人口，当然不会达到全部人口的⅓，而前引稞麦消费数字表明，似乎⅓人口要全靠马铃薯为生。由此应当得出结论，马铃薯的种植，如今所起的作用还只是：在一定人口的条件下，部分地取代了粮食的种植，也就是说，迄今还是使地租趋于下降。如果说地租仍然不低于、反而显著地高于一点也没有种植马铃薯的时期，则其原因之一，主要是工业、运输业生产率的提高使资本租金较前降低。由此产生的对地租的影响，超过了推广马铃薯的反作用。

这里所判明的原则，可以很好地解释各个不同时代和各个不同国家的相应租金水平互异的原因，而不必为此求助于模糊不清、时常陷于矛盾的国家盛衰论。但是应当注意的是，这里说的只是决定租金水平的基本规律。在表面上，资本量同使用资本可能性的比例当然可能不时造成一些偏差。在北美和英国，这个比例有时会使资本利润水平提高或降低。然而，就资本租金水平本身来说，还是在北美高，在英国低。这种水平，同上述变化不定的水平相反，可以称作绝对水平。它正是要用这些基本规律来说明。

大家知道，在现代国家史上，利息以至资本租金愈来愈显著下降，地租则日益显著提高。这只是部分地归结于承担风险的报酬减少了。主要原因是，随着时间的推移，原料产品价值同工业、运输业产品价值的比例发生了变化。起初，我们看到，一方面是，人少地多，另一方面是，由于生产知识、技能和机器不足，工厂产品价值高昂。此外还受像一种行会垄断势力的影响。但是，因为工业、运输业劳动生产率不断提高，农业生产率在人口剧增之下显得落后，原料产品和工业、运输业产品价值的这种比例愈来愈朝相反的方向变化，而行会的影响最后趋于消失。租金水平的比例，也随着这种比例变化而改变。在英属澳洲殖民地，地租几乎等于零，而利息和资本租金比任何地方都要高；北美的比例也大致如此。只是因为这两个地区地广（人人可以自由使用）人稀，原料产品价值低，所以资本租金和利息率必然很高。在欧洲，特别是在英国，比例与此相反；例外的是俄国，那里的比例同北美一样，占统治地位的，是在欧洲各基督教国家中最高的利息率和资本租金。在英国，由于人口水平的关系，由于农业劳动生产率较低和专门在这方面起作用的粮食法的影响，农产品的价值高昂，这就使地租变高，从而使资本租金和利息率变低。另一方面，工业和运输业空前大规模地使用机器，也降低了这两个部门的产品价值，同样影响到资本租金的降低，因而地租也就提高。

可见，实业用具和设备即使对产品价值影响极小，法律也应当

对它们作最周密的权衡，因为它们必定同时影响另一不同类产品。如今，在很多国家内，重新“提高”土地所有者地位的趋势盛行一时，但这种趋势同时与实业公司癖结合在一起。后者直接取消前者对土地资本价值的提高所起的作用。

7

李嘉图对利润下降持另一种观点，麦克库洛赫同意他的看法，因为他把利润理解为资本家在产品中所占的份额。他们二人都对地租的产生作出独特的解释，把地租所代表的一部分产品置于一旁，强使产品的其他两部分——工资和资本利润发生互成反比的变化。因此他们认为，由于土地生产率降低，加以工资主要是由土地产品构成的，名义工资，以至作为产品一部分的工资，就日益增加，资本家在产品中所占的份额或其利润由于同一原因而日益减少。

然而，即使以土地生产率递减作为前提，这个理论仍然是不正确的。当然，如果从一开始就假设地租对利润的影响已经加以考虑，以后再也不予涉及，那么，资本租金唯有在工资发生相反的变动时才起变化。可是这样一来，这个论断就变得庸俗不堪了。问题在于，什么是支配资本租金不断下降的基本规律。因此，不能撇开产品的一部分，仅仅观察其余两部分之间的相反的变化。反之，必须考察一下，各部分之中，是哪一部分以其变动主要引起了资本租金的下降。不过，甚至从李嘉图的农业生产率递减观点和他的地租观点看来，地租对资本租金的影响也要比工资大得多。原来，如果工资由于原料产品的价值提高而相对增加，则土地占有者的相对份额一定有更大的增长，因为这个份额只是取决于原料产品的价值，而工资不仅包含着初级生产劳动，并且包含着生产率日益提高的工业和运输业生产劳动。因此，如果地租不是同时以更大的程度提高，使资本租金也因而降低，就根本无法设想工资会因农业生产率递减而有所提高，资本租金会因而降低。李嘉图显然没有发现，若是劣等地也进行耕作，优等地产品于是和劣等地产品有同等程度的提高，则土地占有者在国民收入中所占的全部份额就必然提高。但是，这种提高，无论如何只是由于资本家份额减少的结果，因为按照他本人的设想，劳动者的份额也提高了。

还有一个论点也是可以怀疑的，这个论点说，即使根据农业生产率递减论，劳动者的份额也是递增的。其实，体现在工资内的财货，除了生产率似乎日益下降的农业劳动的产品以外，还有生产率日益提高的工业、运输业劳动的产品；因此还要确定，工业、运输业的高度生产率会不会超越农业的递减生产率，工资份额本身会不会因而下降。

但是，如上所述，前提本身没有得到证明，而且看来也不会得到证明。最可能的是，农业劳动生产率也日益提高，不过其程度不同于工业、运输业劳动而已。所以（马铃薯本身在这方面起了作用），劳动者在产品中所占的份额反而日益减少，这种情况就抵制了地租使资本租金下降的趋势，因为它本身使资本租金有所提高。

如果说李嘉图有功于使国民收入分配理论摆脱流通的表面假象，从而深入一步，麦克库洛赫在通俗地阐述导师的理论方面有很大的功劳，那么，他们的道路还没有铺平，因为他们作为先行者，未能立即充分了解在他们面前展现开来的我们这门科学的广阔前景。

四

如果财货价值仅等于按劳动计算的费用总额，则在劳动生产率一般足以保证租金存在的这个唯一前提下，财货价值总起来说既包括地租和资本租金，又包括资本的补偿。

1

第1章已经说明，财货费用是如何按劳动计算的。在这里，我们设想，财货的价值符合于它的费用。因此，根据这种设想，值n劳动或值3日的稞麦量，就具有等于n量劳动或3日的价值，也就是说，它将只同其数量不多不少、恰恰值n劳动或3日的呢绒或任何其他一种财货相交换。于是，按照这个前提，在财货流通过程中，始终一定只是等量劳动相交换。一种财货包含的劳动量所需交换的另一种财货的数量，只相当于等量劳动所体现的用来交换的另一种财货的数量。然而，这个前提必须充分加以说明。它意味着，“一定劳动量的产品与同等劳动的产品相交换”，而绝不是说，“生产劳动量决定着财货相互交换的比例”。尤其应当说明的恰好是：没有必要使财货“经常同其劳动量大于财货生产所需劳动量的产品相交换”，而“没有这种余额，资本家也会有利润”。①

不过，对于这个前提，不应当超出开始研究时所提出的原理的内容，去作更广泛的阐述。不应重复李嘉图和麦克库洛赫的下述论断：在听其自然但却受产生租金的所有权影响的流通过程中，财货已经彼此自行按等量劳动相交换。同样不能断言（见本章第4节），在产品价值每次总是决定于所消耗的劳动的流通过程中，各个企业总会有相同的资本利润。我们的命题只是肯定，按劳动计算的价值，总起来说，足以补偿资本和租金；以后会发现，如果在现代分工之下，有时就不是这种情况，则其原因不在于价值本身，而在于所有企业都要提供相同的资本利润。

上一章曾经说明，租金唯有在劳动生产率达到足够的水平时才可能产生。这里必须说明这个原理的另一方面，那就是：无论多高的价值（以不变尺度计算），它本身都还不足以提供租金。如，假设一定数量的猎人只能猎获供他们自己维持生活

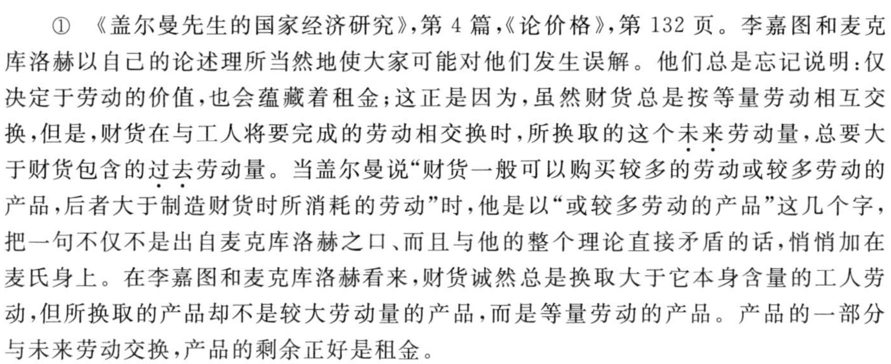

① 《盖尔曼先生的国家经济研究》，第4篇，《论价格》，第132页。李嘉图和麦克库洛赫以自己的论述理所当然地使大家可能对他们发生误解。他们总是忘记说明：仅决定于劳动的价值，也会蕴藏着租金；这正是因为，虽然财货总是按等量劳动相互交换，但是，财货在与工人将要完成的劳动相交换时，所换取的这个未来劳动量，总要大于财货包含的过去劳动量。当盖尔曼说“财货一般可以购买较多的劳动或较多劳动的产品，后者大于制造财货时所消耗的劳动”时，他是以“或较多劳动的产品”这几个字，把一句不仅不是出自麦克库洛赫之口、而且与他的整个理论直接矛盾的话，悄悄加在麦氏身上。在李嘉图和麦克库洛赫看来，财货诚然总是换取大于它本身含量的工人劳动，但所换取的产品却不是较大劳动量的产品，而是等量劳动的产品。产品的一部分与未来劳动交换，产品的剩余正好是租金。

所需的一些禽兽，那就不可能让其他人不去从事狩猎，即不劳动而能经常食用猎获物或者得到租金。这种猎获物按价值来说将等于它所消耗的全部劳动，或者说，若是5个猎人在10日内猎获5只野兽，则每只野兽的价值等于10日，即刚够每个猎人维持10天的生活。可是，如果把每只野兽的价值任意提高到20日，这样，并不能造成可以成为租金对象的东西。成倍的价值仍然体现数量相等的野兽。即使猎人在价值提高后相互交换各只野兽，这时依旧不会产生比价值较低时更多的财货，也就是说，财货照样还是猎人维持生活所需的那么多，连产生租金的可能性都没有。

现在，假设狩猎生产率提高了，猎人以原来的劳动量可以猎获三倍于以往的野兽，因而五个猎人10天内可以猎获15只野兽。再假设存在着土地和资本所有权，即土地属于第三者，而不属于猎人，猎具又属于另一些人，所有制只起着上1章所说的作用——把超过劳动者生活必需的多余产品变成所有者的租金，那么，要实现这种作用，是否必须提高猎获物的价值，即按照大于实际消耗的劳动量去计算这个价值呢？毫无疑问，并不需要。因为租金不是由价值提供的，而是由价值的充分的实际内容提供的。因此，猎获物的价值就会准确地取决于实际消耗的劳动。换句话说，为了最终把地租给予土地占有者，把资本租金给予猎具占有者，只需使价值等于1日的猎获物仅与同样是1日劳动产品或值1日的那么一些猎获物相交换。要做到这一点，唯一的要求是：即使同猎人维持一天生活的必需品比较，劳动生产率高一倍，或者1日的猎获物多得多，工人或猎人仍然并不领取全部劳动产品，而是满足于以一个工作日的劳动，换取比1日所值较少的劳动产品。[①] 因为，如果过去狩猎的生产率仅够猎人糊口，则猎获物的价值无论怎样提高，都不能产生租金，这是由于猎人必须把全部产品留归自己。而现在，狩猎的生产率除了维持猎人的生活以外，还能供养另一些人。这时，要使租金出现，只要猎人满足于一部分产品，根本不用提高猎获物的价值。从前，当狩猎生产率较低时，猎人10天需要1只野兽，而1只野兽就是10日的产品，因而猎人需要10日劳动的全部产品。在狩猎生产率提高后，猎人要维持10天的生活，还是只需要1只野兽，但因为他如今的猎获物三倍于以往，所以1只野兽就是3⅓日*劳动的产品，因而他就只需要自己的⅓的劳动产品。过去他无异是以10天的劳动获得等于10日的工资，如今则以10天的劳动获得仅等于3⅓日**的工资。尽管如此，实际工资依旧未变。其余⅔的产品可以作为租金归土地占有者和资本家所有；这种情况，在1日的产品总是只与1日的产品交换时，就有可能发生。

这种单纯的关系，唯有在特殊的企业家等级形成之后，通过分工和货币，才能进一步发展。然而，即使价值只表现为所消耗的劳

---

① 盖尔曼就这一点指出，从工人方面来说，提供5/4n的劳动，即能够为自己制造1¼财货甲的劳动量，换取包含n劳动的财货甲，而没有得到任何其他报酬，这是不近情理的。然而，现在有人以工人开始认为这种状况不近情理而责难他们，并且千方百计地力图向他们灌输另一种看法。凡是马廷诺小姐的故事不起作用的地方，ultima ratio regis(最后手段)就来帮忙了。但是撇开工人的思想方法不谈，他们如果不想饿死，就一定要妥协的。不论工人的劳动生产率多高，工资总的说来一贯决定于工人维持生活所必需的实际数额。对于工资来说，这一点今天还是正确的；而且，直到今天，人们还不知道，怎样使工人得到固定的一份产品，从而分享工业进步的好处。这就是当代一切经济病症的根源。

*、**　俄文本误为3½日。——中译者

动总量，租金也能够存在。

假设土地占有者、资本家和猎人三者都不自行联合起来打猎，而是由第四者——企业家把他们联合在一起，企业家根据他对经营对象和人的了解，以自己的资金经营狩猎业。这时，猎获物最初完全属于企业家。但是，他随后不得不把其中的一部分——必需的生活资料交给猎人；把另一部分交给土地占有者，作为对许可狩猎的酬谢；还把一部分交给资本家，作为对使用猎具的报酬。后两部分的数量，取决于一旦土地占有者和资本家自行组织狩猎所能猎获的数量。但是，他们都必须把自己的份额让一些给企业家，因为否则企业家就会对组织狩猎毫无兴趣，他们就不得不自己经营狩猎。可是，是否需要提高等于 50 日的 15 只猎获物的价值呢？当然不需要。那样做，没有人能够从中获利，也没有人能从中得到更多的东西，因为只取决于生产率的实际含量会依然不变。不过，猎人劳动 10 日只能得到 3⅓ 日的产品，以便使剩下的产品成为租金；同样地，土地占有者和资本家过去各自得到全部产品的⅓，即 3⅓ 日的价值。如今当狩猎业由企业家负责经营时，他们就以租金形式得到全部产品中较小的一部分，比如说，各得 2⅓ 日产品的价值，以便使总产品中价值等于 2 日的那一部分构成企业家的利润。这样，我们看到，产品无论分摊给多少人，它的分配总是在准确地按所消耗劳动计算的价值的范围内进行的。超越这个范围，对价值加以任何提高，都是根本不需要和毫无用处的。

分工和货币在这里并不造成任何变化。假设需要和生产都有所增加，除了 5 个猎人之外，另有 5 个工人制造财货甲，还有 5 个人生产财货乙。这几种财货在分类时排列如下：猎人所获禽兽是生活资料，财货甲是次要的用品，财货乙是更次要的用品。可以认为，这三个部门的生产率都很高，不仅租金获得者和企业家，而且工人也能得到所有这些财货中的一部分；在生活资料部门内，生产率本来就应当这样高，因为否则工人就无法从事甲乙两种财货的生产。末了，在每种生产内，除了土地占有者和资本占有者之外，还有企业家的份额。这里必须有交换；或者，如果存在货币，则必须有购买。然而，是否需要把禽兽、财货甲和乙的价值都提得高于它们所消耗的劳动，以便每种生产除工资外还能提供租金和利润呢？这里同样无需如此。假设三个生产参加者每人都应当获得相同的收入，这里，他们各自得到**每种**产品的$\frac{1}{12}$。但每人首先得到他所参加生产的那种产品的$\frac{1}{4}$。假如某人从事狩猎，则他由这份实物中拿出$\frac{1}{12}$来换取$\frac{1}{12}$的财货甲，还拿出$\frac{1}{12}$来换取$\frac{1}{12}$的财货乙，$\frac{1}{12}$自产自用。然而，虽然猎获物的价值以及甲乙两种财货的价值都只是按它们所消耗的即它们所值的劳动量计算的，狩猎者所得到的甲乙两种财货却同为$\frac{1}{12}$。因为每个特定生产的参加者都获得价值等于1日的1份产品，这个价值体现为$\frac{3}{12}$的产品。随后，每人以等于$\frac{1}{3}$日的自己产品的价值，得到$\frac{1}{12}$的财货甲；同样以自己$\frac{1}{3}$产品的价值，得到$\frac{1}{12}$的财货乙。对于租金获得者和工人来说，对于一种生产和另一种生产来说，同样都是这种情况。

在存在货币的条件下，没有一个生产参加者会得到实物产品，但是企业家起初保留着全部产品，并且以货币形式拨给工人和租金获得者应得的一份。我们既然已经假设价值是按所消耗的劳动计算的，那就应当认定货币价值是同劳动价值准确相符的。这样，再假设一德国塔勒按其价值来说等于一个劳动日。每种产品因此相当于四日或四塔勒的价值。按照已设想的前提，每个企业家付给生产的其余三个参加者每人以一塔勒的份额，每人各用其中的$\frac{1}{3}$塔勒去购买各种消费品。那样一来，价值为$\frac{1}{3}$德国塔勒或$\frac{1}{3}$日的产品就总是与$\frac{1}{3}$德国塔勒或$\frac{1}{3}$日交换，每人就按照各自有权获得的那一份产品，分别得到工资、租金或利润。

2

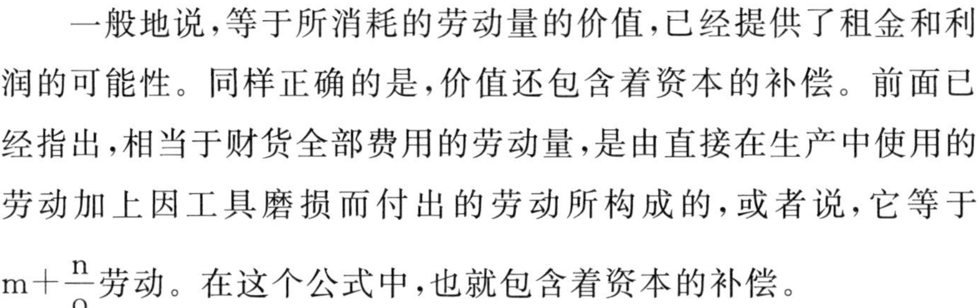

一般地说，等于所消耗的劳动量的价值，已经提供了租金和利润的可能性。同样正确的是，价值还包含着资本的补偿。前面已经指出，相当于财货全部费用的劳动量，是由直接在生产中使用的劳动加上因工具磨损而付出的劳动所构成的，或者说，它等于$m+\frac{n}{o}$劳动。在这个公式中，也就包含着资本的补偿。

不过，这里的资本是指狭义的资本。因为，此外还有一些组成部分列入企业家基金，它们是按产品份额拨付的费用。本章第1节已阐明，产品的**这些份额**包括在价值之中。狭义的资本是由材料和工具组成的。材料本身，就其价值来说，等于制造材料的直接劳动量加上由于工具磨损而付出的劳动量。既然这个总和计算在产品内，就使材料得到了补偿。这样，剩下的问题只是要查明，上述公式是否反映了工具磨损的补偿。对于**直接**产品来说，撇开材料，除了工具**在**磨损**范围内**的消耗以外，再也没有别的资本消耗了。如果这个直接产品的价值足以补偿工具磨损部分，它也就保证了资本的补偿。按劳动计算的价值，表现为等于$m+\frac{n}{o}$的劳动量。因此，工具的磨损或资本的补偿在其中体现为劳动量$\frac{n}{o}$（原文此处和以下误为$\frac{m}{o}$。——俄译本校者）。换句话说，产品包含着同工具磨损等值的一部分价值，这种等值的补偿就应当靠它来实现。这一点也可以表述为：如果所使用的资本必须由财货价值来补偿，则后者必须足以使在分工条件下经常从事于制造各种新工具（用以补偿工具磨损）的人们，能够得到等于他们本身产品价值的那一部分产品。所以，他们本身产品的价值，应当作为一个组成部分，列入这里所说的使用资本进行生产的产品的价值。这个过程，确实是经过附加$\frac{n}{o}$劳动来进行的。而且，如果工具生产者调换这些工具，或者替这里所说的消耗资本从事生产财货的生产者修理这些工具，那么，他们也只能换取属于财货生产者、等于分数$\frac{n}{o}$的产品。由此可见，按劳动计算的价值总是足以同时使企业家的资本得到补偿。

3

如果说，我们迄今在论证中一直是从局部出发的，那么，对国家经济状况的全局作概略评论，就能证实，即使在全局的情况下，只要价值决定于所消耗的劳动，同样能提供租金和对资本进行补偿。可是，在说明国民收入的分配和资本得到补偿的方式时，起初，应当假设**不存在产生租金的所有权**，财货仅在成为收入以后才变成私有财产。我们之所以这样做,不是要用另一种较好的状况同现状相对立,而是为了用两种状况比较的方法更好地研究其中的一种状况。

为此,我们来描绘一幅当代的分工情景和与这种分工相适应的国民资本形成和分配的情景。我们只是在每个生产单位中把社会任命的职员安置在现今的私人企业家位子上。其次,我们设想,作为国民资本一部分的现代企业的资本,不再是企业家的财产,而是归社会所有;现代企业的生产,不是由私人企业家在专门研究社会需要的基础上用自己的资本来经营,而是按照国家事先编制的综合需要平衡表来经营。分工表现为:每种财货的生产分为许多部分,分别由各种不同的企业或生产单位进行;这些企业或单位都是最终制成产品所必须经过的,因此它们体现着生产过程中各个同时进行工作的连续阶段。国民资本就是按照这种情况进行分配的。每个生产单位都有进行生产所需的必要工具和制造产品所用的必要材料。后一部分国民资本的特点是,某一个生产阶段距离财货的最终制成愈近,材料加工为成品的程度就愈高,因为它所经过的生产阶段愈多。在最后一个阶段,只需完成材料的末一道加工工序,就能把它变为制成的产品。而在第一阶段,原材料最初还要从地下挖掘出来。同时,如果我们设想这里所考察的一系列生产阶段都属于消费资料的生产,那么,除它以外,还有一些制造工具的部门,用以补偿劳动过程中工具的磨损。

劳动就这样开始进行。

在生产的第一阶段,从地下挖掘新材料。在下一阶段,前一阶段所生产的原材料加工为半成品,如此陆续进行,直到最后一个阶段加工完毕的材料具有最终成品的形式为止；而材料生产或加工所用的工具在劳动过程中受到磨损。可是，同时有一系列企业从事于实际补偿这种磨损的工作。如果为了更好地进行考察，假设所有企业的生产期限一样长，则在各企业中，工作都是同时完成的，国民财产在其各个组成部分中和价值方面表现如下：

这里所说的一定时期的产品，或者在各个生产阶段同时进行的各项工作的成果，就是国民产品。相反地，在最后一个生产阶段制成的直接财货总量，乃是国民收入。这个国民收入之中，只有很小一部分是这里所说的一定时期的产品。它只是这样一部分，可以看做是最后一个生产阶段所用劳动的成果。其余一切，实质上是早先各个时期的产品，即这里所说的一定时期的资本。可见，国民产品和国民收入，在各自的实物构成上已经不能混为一谈。前者绝大部分重新成为资本，只有一小部分成为收入；后者一小部分是产品，大部分是资本。同时，按价值来说，国民收入也不是与国民产品等值的。根据我们所用的计算方法，任何产品的价值都等于以公式 $m+\frac{n}{o}$ 表现的劳动量。因此，国民收入的价值等于生产产品时所进行的各项直接工作总量，加上因工作过程中磨损工具而需附加的劳动量。假设各个连续阶段的生产都是均衡进行的，或者说，在相等的时间内，总是有等量的消费资料投入消费，因而各阶段总有供下一阶段用的相同的补充，那么，国民收入的价值将当做直接财货的全部产品的价值，换句话说，作为消费资料的材料的价值（因为消费资料在所有相应的生产阶段，都是靠等量的直接

劳动和使用于工具的劳动制造的。这个劳动包含在一部分国民产品中,后者作为生产消费资料的材料同时使用于各个不同的生产阶段)。可是,这个总量并没有包含全部国民产品。国民产品除此以外,还包括补偿磨损工具的各项工作的产品。国民产品的价值因而高出这一部分。它等于作为消费品材料同时出现于各个生产阶段的产品的价值,即也是由直接劳动和使用于工具的劳动所构成的价值,再加上用于补偿磨损工具的产品的价值。而国民收入的价值只等于前一半。但是,因为在每个时期补偿磨损工具的直接劳动量,应当等值于附加在国民收入上以补偿工具磨损的劳动量,所以国民收入的价值等于在各该生产期内使用的全部直接工作总量。

于是,到了分配国民收入的时候;随后就产生了一个问题:国民资本是否保持不变。

在我们所设想的状况下,起初只有劳动者在国民收入中有自己的一份,因为既然土地和资本属于国家,任何人都不能由于单纯占有的事实而有所收入。但是,就在这种条件下,也有一定的权利制度作为分配的基础。犹如现今按照法律,土地占有者和资本家是劳动(借助其占有制)所生产的产品的所有者,在我们所设想的情况下,产品各部分唯有在一定的权利的基础上才能进行分配。这个权利只能是劳动。不过那样一来,这种权利制度就获得了比现今确切的定义,因为当前土地占有者、资本家和劳动者的份额受着摇摆不定、变化无常的盲目的流通力量的支配,而在前述情况下,获取产品份额的权利本身就包含着这个份额的准确尺度。每人都按他对制造国民产品付出劳动的多少来获得收入。后者的数额准确地决定于前者的数量。这样，如果每人所生产的产品各归己有，产品价值受它所消耗的劳动的调节，那么，每人用他所生产的产品换得多少财货，他也就得到多少构成其收入的财货；或者说，每人在他获酬期内所消耗的劳动相当于多少财货，他也就得到多少其价值按劳动计算的消费资料。因此，每人都以国民收入实际所有权的形式，实现了自己对产品所有权的合理需求。如果像我们所设想的，国民收入的价值按其中所包含的劳动量计算，同时，如果这个按劳动计算的价值像前面所说明的，等于在本期内直接消耗的、作为财产总需求尺度的全部劳动量，那么，这个总需求倒的确是可以实现的。对于国民收入的这些需求，可以不费力气地利用劳动货币来满足。它的实质，将在论证第五原理时加以分析。劳动货币比金属货币的一切保障都要优越。只需每人在工作完毕后，领取一张关于他所消耗的小时、日、周劳动量的证明，随后，可以在国家百货公司和商店中把它当做一张调拨单使用，来领得等量劳动所体现的各种消费资料。

在这样的实现过程中，不仅国民收入一定会满足对它的需求，而且国民资本也必然同时保持不变，因为：

1. 就材料来说，在最后阶段，各阶段的消费资料一次制成，而在以前的各个阶段，同时不断地为下一阶段补充材料。于是，一旦消费资料制成，每一阶段的材料也已备妥。既然全部材料仍旧属于国家，要把产品由一个生产阶段调拨到下一阶段，作为下一阶段的材料，只需由国家颁布一道简单的指令就行了。

2. 其次，就工具的磨损来说，既然在按劳动计算的国民收入价值中，工具的磨损部分表现为$\frac{n}{o}$劳动量，这个劳动量又等于制造、修理或更换工具的消耗，那么，就能保证从事这项作业的人们获得国民收入中的一份，并且补偿这一部分资本。

3. 现今的一部分企业家基金，资本家必须掌握，以便在获得自己的产品销售收入以前就能支付工资和租金，同时这部分基金现在还必须由商品——金属货币——组成。在上述条件下，这笔基金中的一部分可以不再需要，一部分可以用只是结算形式的劳动货币代替。

这样，在生产期告终、分配消费资料时，国民资本的数额就同生产期开始时一样（虽然价值只是按劳动计算的）。接着，新生产过程开始，在这个过程中，每人都以他所掌握的收入为生。

土地和资本私有制使我们方才描述的状况发生种种变化。这些变化不外涉及以下几项：

甲、生产领导，或

乙、货币流通，或

丙、产品价值分配，即国民收入分配，或

丁、各企业在生产期末重新恢复资本的方式。

关于甲项。在两种状况下，国民资本的实际分配都是完全相同的，或者说，可能是完全相同的。在分工的影响下分别进行生产的各类企业，生产期开始时，都有从事生产所需的必要材料和必要工具。其次，必须克服那种认为在资本私人占有制存在时，可以产生某种新生产力或使原有生产力增加的偏见。**生产的实质在两种状况下是相同的**。在这种或那种情形下，都是劳动者使用工具，或利用在土地中起作用的自然力，从土地中提取原材料，或者用原材料制造成品。如果把土地和资本算做“财货来源”，则仍然十分明显，土地和资本归个人私有，或者为社会公有，都不会使这方面发生什么变化。然而，土地和资本属于私人，私人也就有权支配产品，因此，在这种情况下，生产领导就由私人掌握。在另一种情况下，生产领导就由社会政权掌握。但在两种状况下，生产都要由社会需要来支配：在前一种场合下，个人在确定社会需要时，以产品销售有足够的赢利作为根据；在后一种场合下，社会领导将以需求的综合专门统计和按照这种统计资料编制的需要概算作为依据。

关于乙项。在不存在产生租金的所有权的状况下，要着手进行生产，除了在劳动者工作完毕后发给他们的证券（这些证券兼作证明和调拨单，并用于一般结算）以外，只需要甲项所说明的资本和劳动者，别无其他需要。在存在产生租金的所有权的情况下，要经营企业，企业家既需要甲项所说的资本和劳动者，又需要一笔货币基金，[①]用以支付工资和租金。

这样，在第二种情况下，着手进行生产所需的资本大于第一种情况下的资本，二者之差就是货币基金总额。因为，虽然从生产本身考察，金属货币不包括在资本内，或者说，不属于本义的资本，然而，金属货币既然一方面是商品，另一方面又是现代条件下企业所必需的，则它对企业家来说仍是资本，因而也属于广义的资本。

---

① 这的确无非就是货币基金，而暂时并不是已经存在于某处的商品储备。以后，经过劳动者和租金获取者之手，可以用货币基金换得这些商品。原来，起初需要货币基金的企业进行生产时，这些商品还不存在，它们只是在生产之中。见第1章。

关于丙项。各阶段的生产完成以后，国民收入和国民产品的比例，就实物和价值来说，在两种状况下是完全相同的。在两种情形下，国民收入都等于最后一个生产阶段刚刚制成的直接财货，这些直接财货包含着早先许多时期的产品，其中只有最小的一部分是本期的产品；国民产品却包括本期各个生产阶段的劳动成果，也包括了对磨损工具的补偿。如果像我们所设想的，价值都是按所消耗的劳动计算的，那么，在两种情况下，国民收入和国民产品的价值都是以同样方式表现的。国民收入都将包含准确地等于全部直接劳动消耗的劳动量，国民产品的价值都将超过这个价值，其余额就是磨损工具的价值量。最大的差别，只是在分配国民收入时才产生的。原来，在现今的状况下，产品跟土地和资本本身一样，同属土地占有者和资本占有者的财产。其结果，不仅是所有者如今掌握部分产品，因而也掌握部分国民收入，而且也变成了一种相反的关系，即必须说，如今唯有劳动者在产品中因而也在国民收入中分得一份。而这两种不同的需求者之间的分配，非采取这样的形式不可：土地占有者和资本家现在只以工资形式付给劳动者一部分产品的价款，因此，犹如交给劳动者一张少于实际的劳动消耗的证明（在另一种状况下，国家要以全部劳动消耗量的证明，发给劳动者全部产品的价款）。土地占有者和资本家把一部分直接劳动实际消耗的证明保留在自己手中，而按照原料产品价值同成品价值的比例，分享其余部分。来自工具磨损的那一部分产品价值，这时也就用作保证使补偿这项磨损的工具生产者能够得到满足他们需要的国民收入的必要份额。由此可知，在另一种条件下由劳动者获取的全部价款，这时按有权得到产品的人数，分为几部分，而总额照旧不变。

关于丁项。这个总拨款额只是在各个不同的阶级之间进行分配，而不是自身向上增长。因而在现在这种状况下，它也是被使用在最后一个生产阶段所制成的财货或国民收入上。国民收入价值既然是按劳动计算的，就应当完全等于全部拨款的价值总量，同时，国民收入一部分构成工资，一部分构成地租，还有一部分构成资本租金。这样使用的结果，各企业就重新建立了企业家基金，如果这个使用过程达到了最后一个梯级，则所有企业的企业家基金都重新恢复原有的数额。因为自始至终，已制成的财货的销售收入，提供了全部产品的价值。同一时期内各种劳动成果总额也等于这个价值，虽然由于分工，各个不同的生产阶段都会取得这些成果，而且它们总是以各种不同的材料制成的。因此，这个价值就好比包含着对每一个较早阶段的产品的补偿。又因为每个阶段产品的价值都提供工资和租金，而较早阶段的每种产品都成为下一阶段的材料，于是，在每个阶段，上一阶段的产品都作为材料被人购买。因而这里不仅提供了最后生产阶段的工资和租金，或者说，在工资和租金由企业家基金中预付的地方，不仅使二者得到了补偿，同时还提供了材料即较早阶段的产品的价值；换句话说，材料在这个阶段也重新分出了有权获得者的份额。虽然每个生产阶段都提供了工资和租金，流通过程却使每个阶段的企业家基金重新恢复原有的数额。经过上述途径，流通过程可以在只等于已消耗劳动量的价值的范围内进行。这样做之所以可能，只是因为，劳动者付出了劳动，仅以工资形式得到这样一笔财货，它所包含的劳动少于他们的消耗。

4

然而,关于按劳动计算的价值足以补偿资本并支付工资和租金的论断,在现代状况下,只是就总的方面和全局来说是正确的。在各个局部,即在每个部门和分工的每个阶段,产品不可能准确地按照其中所包含的劳动量进行交换。这里有两个原因:

1.因为资本利润至少具有在一切企业内平均化的趋势;

2.因为现在,某种产品的公认的价值,决定于在最劣等条件下进行生产的企业的费用。

关于1:资本家所得到的份额,是按全部企业家基金计算的。人们说资本利润在所有企业内一概相同,是指这个份额和基金的比例到处都一样。在企业家基金中,材料表现为最大的数字之一。在其他条件相同时,企业愈是接近于财货的最终制成,这个数字就必然增加得愈多。相反地,构成利润的资本家的份额,来自每个企业自有产品的价值。如果在资本利润采用这种计算方式时,各个企业或每个阶段的产品都是准确地按照其中所包含的劳动量交换的,再如消耗于两个连续生产阶段的劳动量是相同的,也就是说,两种产品的价值相等,因而两个资本家的份额本身相等,那么,因为两个企业的材料数字不同,这个份额同企业家基金价值的比例也就不同,资本利润因而也就各异。可是实际上,这种情况是不存在的,因为如果有一个企业,不能像其他各企业那样提供按比例的利润,那就没有人会把自己的资金投入这个企业。因此,李嘉图和麦克库洛赫所证明的规律——产品在每种情况下都是按其中所包

含的劳动量相交换的，在现代状况下，必然要在另一个无疑更加切合实际的规律的影响下发生变化。按照后一个规律，资本利润到处都趋向于平均化。①

关于2：现在，有一个规律和资本利润相同的规律一样符合实际。这就是：如果某种产品的社会需要驱使人们在较差的条件下着手生产这种产品，则这种新生产的产品价值就成为公认的价值。如果像李嘉图和麦克库洛赫等人对贫瘠土地产品的地租所做的那样，假定这种产品按其中所包含的劳动量进行交换，则这一点对于优等地的全部产品来说，立即显得不适用了。那样，一切在较好的条件下生产出来的产品，都具有这样一种价值，即似乎这些产品中包含着大于实际的劳动量。这种情况，对于同这些产品相交换的各种产品来说，也不能不否定李嘉图引申出来的规则。原来，如果大部分农产品犹如体现了较多的劳动，因而在工业产品中换取较多的劳动，则这些工业产品必然在农产品中换得比它们本身含量较少的劳动。可见，某种产品每次违反这个规律，都使同它交换的产品从反面违反同一个规律。

可是，我们这里所提出的原理的这些界限，只是证明，现在它不可能适用于每个具体场合。这些界限并没有推翻原理本身。它们极少证明，要使资本利润成为可能，产品价值照例必须超过产品所包含的劳动量。甚至由前一个异议中可以得出结论：为了提供

① 据我所知，唯有Buquoi（布阔依）伯爵一人，针对产品价值指出：在分工发展的条件下，企业家基金由于材料昂贵而不断增加。他由此得出了分工必定使产品昂贵的结论。这个结论从一般价格形成理论的观点看来是合理的。但是它一定会引起对理论的怀疑。

相同的资本利润，也就是使一种产品的价值必须提高到这种产品所消耗的劳动量以上，而另一种产品的价值因此必然降低到这个劳动量以下，后一种产品价值在降到低于已消耗劳动量的条件下，仍然能提供相同的资本利润。

5

我们看到，产品价值或价格无需加成，地租和资本租金就能产生。在当前流通过程自发进行的条件下，我们毫无打算去研究实际上是否如此。我想，一旦这种可能性被证实，占统治地位的观点，自然就会克服自己的谬误。何况实际上，任何价值加成本身都不能创造租金，它只能把租金“从一些人的口袋转到另一些人的口袋”。又因为这种加成一定会带有普遍性，这样一来，它也就会失去作用。若是提出另一种意见，说价值加成会由消费者偿付，那是不合理的，因为偿付加成的消费者同时也是生产者。这样普遍提高价格，还无法在生产过程之外找到从中获取租金的对象。

因此，获取租金的对象，只能在足够的生产率的基础上，在每种生产的范围内去寻求。至于一般地提高价值，只是一种普遍的手段。其结果，无异于不采取这种手段，而工资占用的不是劳动产品的全部价值。

李嘉图和麦克库洛赫对地租持同样的观点，他们认为，“地租对生产费用毫无影响，如果土地占有者不收租金，这种情况不会改变工业生产率，不会降低原料产品的价格”。如果按劳动计算的价值是实际价值，则这一点还适用于资本租金。在这种情况下，租金恰好存在着，毫不涉及产品的价值，同样地，租金也可以消失，而对它毫无影响，因为价值决定于同资本租金无关的原因。既然如此，产品或产品价值就会不在土地占有者、资本家和劳动者之间分配，而是从此以后只提供给劳动者了。具体实现的办法是：劳动者不再像现在这样，以工资形式得到的只是其所生产的产品一部分价值的拨款，而是得到全部价值的拨款；比如，假定他们现在以一日的劳动产品只领得⅓日产品价值的拨款，那时，就以一日劳动的产品领得产品全部价值即一日劳动价值的拨款。这里，我们不准备讨论这种状况能否成为现实。解决这个问题，仅仅取决于回答一个问题：社会的预见性是否能像当今企业家那样精明地进行生产领导。

五

在财货价值总是等于按劳动计算的费用的状况下，可以创造一种新货币。它合乎作为“流通手段”和“价格尺度”的一切要求，同时它却不是物质财货，也不像现代纸币那样以实物货币为基础。

1

国家经济意义上的分工不应同工艺上的分工混为一谈。

§1.

亚当·斯密及其早期门徒都只是说明了一个工厂内部的分工。他的后期门徒把这个概念扩大到地区分工甚至世界分工的范围。如前所述，各种分工的实质都在于生产力的协作。因此，这个概念无论怎样运用，当然都是同一的。从这个观点看来，尽管在较狭义的概念中，产品是一种自然统一体，如一个别针；而在广义的概念中，产品则是思想统一体，如国家全民产品，可是二者丝毫没有差别。不论如何理解分工，它的产品都是把在空间和时间上人为地相互分离的力量联合起来的成果。这种联合的目的或结果，乃是最大限度地提高生产率。以下就从这个角度来考察分工。

然而，既然把国民分工同厂内分工相提并论，在这两种分工下，从生产经济成果的观点来看，只要制成了别针或国民产品，分工就算达到了它的目的或完成了它的任务，因而这里根本不是从国家经济意义上去理解分工的。确切些说，这种分工，作为国民分工或世界分工，只从工艺或生产经济的意义上去理解，当然是国家经济的基础，犹如在工厂内实现的分工，无疑只被人理解为制造单项产品的协作，也仅仅是工艺的或生产经济的分工而已。

但在国家经济中，它的意义并不大于生产技能、机器或提高生产率的其他手段。因此，在国家经济内，应当采取恰恰相反的做法：应当从国民分工及其国家经济独特性出发，把工厂内工艺的或生产经济的分工仅仅看做是"国民分工的高度凝结"，即从国家经济的角度加以考察。

这种国民分工或国家经济分工还不能只用各种生产力的协作这一个概念来概括。它还有一个重要因素，就是在这种普遍协作之下生产出来的产品的分配。分工是这样一种社会联系，依靠它，每人只完成一种生产或一道生产工序，照样能够借此满足自己各种各样的生活需要，因为通过这种办法，人人都为大众而工作。这样，分工不单纯是劳动的分工，它不仅是产品一旦制成就算达到目的的各种力量的协作，而且还是劳动成果的分配。前者形成分工的一个方面，它也可以称作部门生产划分，后者形成分工的另一个方面，它也就是国家经济联合。

顺便说明，这个意义上的分工，是国家经济的唯一的基本关系，是我们这门科学的独一无二的原则。从中可以引出国家经济的全部内容,从中也只应引出属于国家经济的内容。[①]

§ 2.

亚当·斯密和西斯蒙第似乎指出了这种国家经济分工:斯密从人所特有的原始的交换欲望引出了这种分工,西斯蒙第则从交换本身得出了结论。可是,二者都是不正确的。交换不是目的,而是手段;那么,一种不以满足其目的的欲望,究竟是一种什么样的欲望呢?而且,交换本身作为分工的原始形式,也不可能成为分工的原因。

分工同法律制度和思想交流类似,是必然把国家和人类联系在一起、使历史走向其目的的三大基本社会关系之一。因此,分工本身从这方面来说是国家的表现,分工的起因在于国家的产生。所以,不能说分工有一个单一的原则,就像不能说国家有什么单一的原则一样。人的内在和外在的一切,都对分工和国家二者的产生与存在有积极的影响。

然而,我们还是试图把应当认为是分工的必要前提的一切因素划分为四类。其中两类,按其实质来说,是分工作为劳动分配的这一方面的基础;其余两类,是分工作为劳动成果分配的另一方面的基础。它们还可以划分为并立的两大类:前二者是分工的形式

① 没有这种国家经济关系,就不存在离开这个原则而能实际成立的国家经济概念。需要、(使用)价值、财货、劳动、生产等概念,是一些单纯的经济概念。在详细叙述一整套经济科学(生产学、国家学、消费学)时,必须把这些概念归结到包含基本经济概念的总论部分去。作者打算在后面探讨国家经济,严格根据它的原则——分工,对它作系统的考察。

上的条件，后二者是分工的实际条件。

1. 形式上的条件。

甲、物质自然界，就其空间和时间的普遍尺度而言，是分工的广阔基础。如果一个人单独行动可以立即满足自己的需要，分工就不能成立。相反地，人的这个基础愈是广阔，通过发明创造对这个基础的认识愈是充分，分工的活动场所就愈大，即从广度来说，分工可以扩及全球；从深度来说，可以渗入最简单的工序。这个形式上的条件，影响分工的一个方面。就这方面而言，分工是各个彼此分离的劳动部门的协作。

乙、在这个领域内，伦理原则无异以各种不同的形式发生作用，或者表现为伦理原则本身，或者表现为制约着分工的另一方面——劳动成果分配——的法律原则。斯密说，在动物身上，从来找不到任何近似交换的现象。这只是因为，动物界没有伦理原则，或者至少缺少伦理原则的创造力。动物不交换、不比较、不分享各自握有的东西，而是为争夺这些东西互相厮杀。只是在有些地方，如筑窝和喂养幼禽时，某种类似本能的伦理原则的东西，也在动物界发生作用。在这些地方，可以看到同人类家庭分工相似的某种现象，可是它从来不采取法律原则的形式，也就是说，从来不会走上改进的道路。很容易相信，没有刚才考察过的这个基本条件——伦理原则，任何时候就不可能有分工，无论是伦理原则是以和睦分享产品（如在家庭中或人们设想的伦理组织中）的方式直接完成分工的，还是作为法律原则，以承认个性和所有权及随后的交换来间接完成分工的，反正都一样。在这方面，提高或扩大伦理原则或法律原则的效用和意义，同时也能增加分工的可能性。国际法和国内法人道化的过程是在几世纪期间进行的。这个过程既有助于建立或酝酿一个包罗全世界的合理分工的体系,也同样有助于把下层阶级提高到享受同等权利的水平。没有这些权利,他们就像在古代世界那样,同国家经济分工领域很少相干,犹如当代的役畜。在"异族"和"敌人"这两个概念意义相同的时代,合理的分工只是在一个部落的范围内才有可能存在;当罗马人和卡法根瓜分地中海的时候,国家之间的分工还不可能出现。①

2. 分工的实际条件。

由此可见,分工的形式上的条件寓于外部物质自然界和人的精神世界之中。分工的实际条件是实现分工关系的一些条件。这些条件,主要是由在分工关系中可能受各种不同动机影响的人的活动和认识所造成的。

丙、交换是分工的最简单的原始形式。可是,如果参加交换的各方没有这样一件物品,这件物品是自己所不要用的,或者不如对方向自己提供的物品那样有用,就不可能发生任何一项具有实际内容的交换行动;在这方面,不管是由于无此需要,还是因为需要已经得到满足,都是一样的。因此,我把某人用来交换的一切物品统称为"多余产品";只是在自身需要已充分满足后才出现多余产品的地方,我才使用较狭义的这个词。

交换是单一的分工行为,这是正确的观点;分工是经常进行的

① 重商主义制度就已经包含了来自这个古代原则的某种东西。如果它因而像现在某些人所想做的那样重新被采纳,这无非就是意味着国际经济联系中的反动措施。在法律和政治经济学紧密结合的条件下,它一定会对法律施加致命的影响。droit d'aubaine(没收外侨遗产权法)、口岸法等是同重商制的精神相符合的。

继续交换，同样也是对的。假定甲、乙、丙三人应当参与分工，每人承担不同财货的生产，再假设他们每人分别参与满足这里的三种需要，显然，若是每人的生产没有超过满足自己需要的数量来额外满足另外两人的需要，则分工就不可能成立。分工的条件是存在各种多余的（较狭义的）必需品。但需要是由各种必需品向一些经常缺之亦可的物品发展的。对于后者，有了较广义的多余产品就足够了。原来，如果某甲一人就生产出同时能够满足乙、丙二人需要的必需品，则乙、丙二人可以生产一些非必需的财货，只是其产量以满足某甲一人的需要为限。尽管如此，由于乙、丙二人可以用自己的产品从某甲处换得他们所需的生活资料（他们仅仅生活得比某甲差一些），分工不仅能够存在，而且，若是法律关系，如土地所有权，妨碍着甲、乙、丙三人自行其是地分别制造必需的生活资料，则分工是必然存在的。不过，人们总是要发现，整个分工，归根到底要以生活必需品生产部门的实际多余产品为基础。

这些多余产品的存在是一般分工的必要条件，而这些多余产品的增加则是分工范围扩大的条件。这是从三个不同的方面进行的。第一，要是生产必需品的某甲制造出同时足够乙、丙二人使用的多余产品，而乙、丙二人的多余产量只等于满足某甲一人需要的数量，分工当然就已经能够实现，那么，如果乙、丙二人的产量也开始提供同样大量的多余产品，则分工还要变得越广泛，越活跃。因为这时，乙、丙二人之间的直接分工也发挥了作用，而这是以前所没有的。现今欧洲文明民族生活于其中的分工，向分工的参加者提供了一系列各种各样的财货。可是，其中只有几种财货大量生产，人人都能享有。大部分财货只满足少数富人的需要。唯有前一类财货达到了高度的分工。对于后一类财货，还必须克服阻碍其增产的国家经济上或生产上的障碍。第二，如果分工必须包括一些新的环节，或除甲、乙、丙三人外还要有生产一种新财货的某丁参加，那么，前三者的多余产品显然要增加一些，以便换取某丁的产品。若是欧洲的生产率没有提高，就不可能同美洲和东印度通商。我们本大洲的贸易在地球上每次取得进一步的成果，同时都是本大洲自己拥有的多余产品有所增加的新证明。第三，如果甲、乙、丙三人各自代表一个特殊的生产者阶级，如果现在分工必须在这个范围内扩大，借以在原有财货之外生产新财货，那么，为此又必须在这种或那种生产中增加多余产品，以便把多余的生产力用于新财货。因此，生产的财货数量增加，从来都是生产率提高的证明。

多余产品的数量仅仅取决于生产率。生产率日益成为人的活动和才能的单独成果，而只是在社会发展初期，自然界结果能力的影响才占有主要地位。在这方面，人的活动是通过工艺分工、生产过程合理化、工具和机器的改进来施加影响的。运输工具的改进具有最大的影响。①

把商品送交消费者，是一般生产的必要部分。只有在这一部分工作完成后，财货——为其需要者在经济上占有的具有价值的物品——才算最终制成。生产过程的这一部分，同它的其他部分——农业和工业一样，也需要相应的工具和器材。在工农业中，工具可以是很低劣的，使生产率或相对的多余产品显得微不足道。

① 从原则上考察一下运输工具改进后所起的作用，虽然会离开本题，却是有意义的。

同样地，在运输业中，工具也可以很低劣，使这一部分生产的完成要花费较大量的劳动。对于较遥远的消费者来说，这种情况所起的作用，犹如土地肥力较低或工业缺乏机器对于较近的消费者的影响一样。在后一种情况下，分工必然会缩小，或者完全消失，因为生产率降低，或多余产品较前减少。在前一种情况下，较遥远的消费者无法参加到分工体系中去，因为生产率低得不足以提供能分给他的多余产品。可见，改进后的运输机械，按其发挥作用的本质来说，在这方面是同工农业中使用机器同属一类的。但就这种影响的程度和规模而言，前者远远超过了后者。原来，在工农业中，生产不同财货的各道工序，其本身大部分是互不相同的，不仅每种不同财货的生产需要不同的工具或特殊的机器，而且同一种财货的生产所用的工具和机器也一定是变化不定的。因此，可以说，在这里，每种财货要提高生产率，都要有新发明，要采用新式改良机械。例如，新式织袜机会增加多余的袜子。相反地，改进运输工具，如新增一条铁路，就能一举而提高铁路起始地区各行各业的生产率，因为各种产品的包装和运送手续都是同样简单和处处相同的。不仅仅如此！即使改进后的织袜机生产了新的多余产品，也只有在另一个相并列的生产部门生产出相应的新增多余产品时，分工才可能在织袜机增产的基础上有所扩大。可是，织袜机对后一种产品的增加毫无影响。相反地，一条铁路可以在增加多余产品方面对所有部门起相同的作用，而且这个作用不仅涉及起始地区的各行业，还要扩及路经地区的各行业。

丁、足够的生产率是分工的实际条件，因为分工在于生产部门和工序的划分。与此相适应，分工的另一个方面——劳动成果分

配还有一个实际条件。以一般形式表述，这个条件就是分配的参加者协调一致的可能性。

显然，如果产品占有者不能取得一致意见，无论有多少多余产品，也是丝毫无济于事的。要取得一致，他们必须在最广义的该范围内互相联系。按协调一致的性质来看，这种联络手段可以分为以下几种：

其一，首先，必须让分配的参加者知道，需要交换的财货在何处，情况如何；同时必须使他们彼此能交换自己在这方面的意见。为此，需要有较狭义的联络手段。这里包括促进人们相互交流思想或见面的一切方法。就这一点来说，特别值得指出的是经过改进的文具、印刷术，尤其是邮政。邮政对增加国民财富的影响是十分重大的。

运输工具的改进也在这方面发生作用，因而其发展是加倍有利的。

其二，需要交换或分配的全部财货，都是按数量交换和分配的。因而，对分工来说，测定、记住和表现这些数量是十分必要的。为此就要有各种形式的尺度。因此，在任何情况下，度量衡都同较狭义的联络手段一样，是分工所必需的。较狭义的联络手段不发达，就妨碍了分工，限制了分工的范围。同样地，如果度量衡制不可靠、变化无常、范围狭窄，也一定会起同样的作用。

其三，最后，为了实现分工，必须有货币。如果各类生产者甲、乙、丙、丁、戊五人要参与分工，那么，若是需要某戊产品的某甲，恰好也能提供给某戊所需要的产品，这样的情况会是一种例外；相反，愿意进行交换的人们处于交错的状态，即其中一人握有另一些人需要的东西，而另一些人虽然确实存有别的什么地方所需的产品，却恰好没有前一个人需要的东西，这种情况倒成了一种惯例。随着分工范围在工艺上的深入发展，下面这个困难会愈发增加。例如，几个工人为另一个人协力制造一台机器，其中每人都要以满足需要的各类手段的形式，去补偿自己在产品中占有的份额，可是需要机器的那个人，用他自己的产品，不能使其中任何一人得到满足。但是，如果其他各种条件都已具备，分工不应被消灭，则这个困难毕竟还是应当克服的。这样，分工终究还需要一种**交换手段**。任何人都可用它提供其产品，每人也都可以用它来换得所需要的东西。于是困难自然就能克服。这个手段必须有两个特点。一方面，它将能够表现财货的价值，也就是构成“价值尺度”，另一方面，它将用做流通手段，即把每种财货送交需要者的手段。

2

可是，这只是对货币的经验主义理解。在分工的条件下，货币就其实质和概念来说，是一种结算手段。

§ **3.**

在分工的条件下，每人首先为他人而生产，因而从其他生产者手中获得满足自己需要的几乎全部物品。分工确实是一个大联合，每人在其中付出自己的生产力，以便从共同生产的产品总量中获取他的收入。然而，由于人类共同生活中所必不可少的法律制度的约束，这个收入的数额不可能随心所欲，而必须同每人的生产力所提供的成果成正比。因此，在分配劳动成果时，必须遵守一条原则：每人从共同生产的产品总量中得到的补偿，应当同他参与产品制造的份额相适应，或者说，任何人在满足自己的需要方面，取得别人的支持，都不应当大于他自己给予别人的支持。① 正因为这样，应当把产品的分配看做是普遍的结算，在这种结算中，以参与制造产品为根据的每一项要求，都得到了同这个生产份额相适应的应得的满足。

§ **4.**

在每个参加者容易看到的有限的范围内，这种结算是易于实现的。如果某甲制造了某乙使用的物品，某乙制造了某丙需要的物品，某丙制造了某丁消费的物品，某丁制造了某甲想要的物品，那么，每人自己能从满足其需要的财货生产者那里得到多少东西，他也就只能向对方提供同等数量的自己的产品。第三者在此干预或一方牟取暴利的可能性是极小的。但是，在同时包括整个民族或几个民族的范围内，不可能有这种直接的相互结算；更难想象组织结算，使每人的要求（提供流通的产品）准确地加以计算，从而保证合

① 在产生租金的所有权不存在时，每种产品因此为服务于社会而预先进行生产，或者提供给社会，每人按照所提供的产品数量从产品总量中得到补偿。这时，总产品表现为一种社会统一体。但是，本节的观点，并不因为存在产生租金的所有权，并不因为它从来不会让总产品表现为社会统一体，而变得不正确；这个观点，也不会因为如今土地占有者和资本所有者不劳动就获得绝大部分国民产品、劳动者不断工作却只得到最小一部分国民产品而变得不正确。因为，谈到这种产生租金的所有权的影响，则无论社会是分配的核心也好，或者分配像今天这样进行，即财产由个人转交给个人也好，全部产品也是在经济共同性的条件下进行生产的，其影响是一样的。在两种情况下，不同的只是法律形式。就法律形式而言，现今把土地占有者和资本所有者看做生产参加者是合法的，虽然这在经济上只是一种虚构。

理的补偿。因此，在分工的条件下，具备结算手段是必不可少的。

唯有一种凭证可以成为这个结算手段：每人把产品提供给流通领域，换取证明这个事实的凭证；这种证明同时可以作为一张领物证，凭它，从同样为流通领域制造某种产品的任何人处领取等量的产品。对于后者，这张领物证同时会起产品外供证明书和领取本人必需品用款单的作用。

§ 5.

但是，这种手段必须保证结算的基本原则不受损害。为此目的，它要符合两个条件：

甲、它必须能够表现某人提供流通的产品的价值。须知，在分工的条件下，重要的不是某人把一般产品或若干数量的产品提供流通，而是提供具有价值的产品。因为产品价值（在这个意义上）乃是产品对全体分工参加者具有价值（在这个意义上）的证明。唯有能帮助达到经济目的产品，才能成为这种产品。[①] 反过来说，

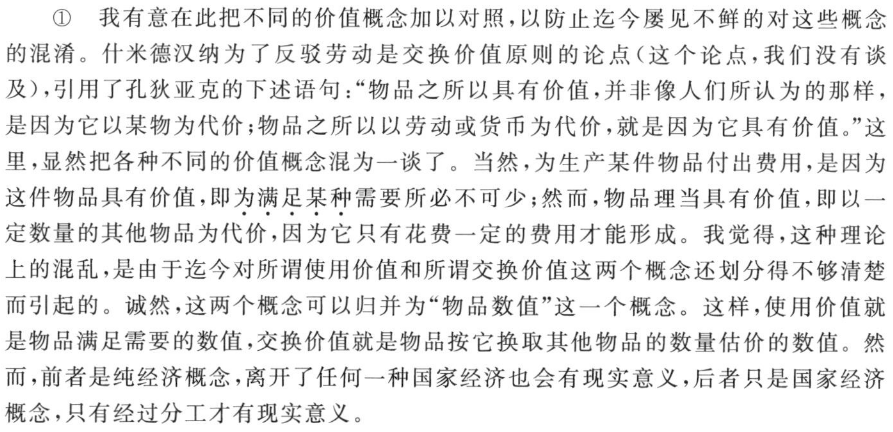

① 我有意在此把不同的价值概念加以对照，以防止迄今屡见不鲜的对这些概念的混淆。什米德汉纳为了反驳劳动是交换价值原则的论点（这个论点，我们没有谈及），引用了孔狄亚克的下述语句：“物品之所以具有价值，并非像人们所认为的那样，是因为它以某物为代价；物品之所以以劳动或货币为代价，就是因为它具有价值。”这里，显然把各种不同的价值概念混为一谈了。当然，为生产某件物品付出费用，是因为这件物品具有价值，即为满足某种需要所必不可少；然而，物品理当具有价值，即以一定数量的其他物品为代价，因为它只有花费一定的费用才能形成。我觉得，这种理论上的混乱，是由于迄今对所谓使用价值和所谓交换价值这两个概念还划分得不够清楚而引起的。诚然，这两个概念可以归并为“物品数值”这一个概念。这样，使用价值就是物品满足需要的数值，交换价值就是物品按它换取其他物品的数量估价的数值。然而，前者是纯经济概念，离开了任何一种国家经济也会有现实意义，后者只是国家经济概念，只有经过分工才有现实意义。

每人都要收回产品的价值，而且理应如此，因为社会正是应当给他这么多补偿。这样，结算手段就不能证明人们所提供的个别产品的数量，因为个别产品可能没有价值，换句话说，即使它具有价值，则因为证明书同时就是拨款单，试问个别产品同其余各种产品比较，其数值如何呢？结算手段只应当直接证明产品的价值，以便提供产品的人同时得到针对价值的拨款。前面已经说明，这是哪一类的尺度概念。由此可知，这个尺度按它的具体数额来说，应当表现在结算手段中。这也就是说，结算手段至少必须成为价值指标。

乙、结算手段应当保证它所表明的价值确实存在于流通领域。显然，这个条件是与前一个条件同样必不可少的。因为人们所要求于分工的，恰恰就是以各种消费品代替所提供的产品，所以，如果储备中没有已提供并已在结算手段中表明的价值，则分工的整个目的或结果都会消失。在这种情况下，一个人把他所生产的价值投入流通领域，在补偿这一价值的过程中，最终会一无所得，因为提供产品的证明书说明拨给他的价值并不存在。因此，必须使结算手段能够随时实现。若是已颁发的各项证明兼拨款单所表现的全部价值都以实物形式出现，就有可能做到这一点。

§ 6.

实现了这两个条件——结算手段表现价值并保证它所表明的价值实际存在，结算手段确实就能保证正确地进行结算，也就是实现了一条原则：每人从国民产品总量中收回的数额（价值），不多于也不少于他所提供的数量。如果人们相信这种保证，如果它通过经验或认识在（分工）参加者的思想上得到巩固，那么，每人都会并且将要无条件地拿出自己的产品，去换取这种结算手段，因为他将相信，他肯定会得到对他所提供的价值的补偿，恰如他带着自己的产品，同拿着他所需要的产品前来交换的人直接接触，他就能逐步同其实行这项交换。但是，这样一来，结算手段就变成货币了。换句话说，在存在提供租金的所有权和流通过程自发进行的条件下，结算手段变成一种人人接受的证明书和人人据以付款的拨款单；而在不存在产生租金的所有权、生产领导由社会机构实行的状况下，结算手段就变成一种由社会颁发的证明书，在证明书用做拨款单时，社会本身据以付款。

§ **7.**

的确，正是由于现代金属货币的商品特性，它完全合乎对结算手段提出的这些条件。

关于甲项。在这方面自发进行的流通领域中的价值，决定于对一切商品都发生作用的因素。如果因此存在一种商品，每人都用它来交换其余各种商品，那么，利用这个媒介物，可以确定每种商品同其余各种商品比较的价值。因为，如果一种商品多次频繁地同其余一切商品交换，则某项商品在交换时所值的一般等价物数量，同时也表明这项商品所值的其他一切商品的数量，也就是表明每种商品的价值。例如，若是白银同一切商品交换，因而表明一马克白银所换取的各种商品的数量（磅、舍费尔、肘、桶），那么，每人都准确地知道，一马克商品的价值如何。对于应当起这种一般价值指标的作用的商品，只有一条最根本的要求：它必须能够分开，使自己每一部分的价值都保持不变，即合乎部分对整体的比例。金属的情形正好如此。金属还有其他各种适合作货币的特性,这些特性只是使它比别的商品更便于起这种作用。

关于乙项。贵重金属不次于其他商品,同样能保证这个一般等价物若干流通量所表现的价值确实存在,可以用来支付等价物中所包含的拨款。对此,应当注意两种情况,第一,货币同分工互为前提,也就是说,货币是 uno actu(一种行为)伴随(合理的)分工而发生的。因此,在分工参加者的范围内消费的商品,其本身已经在这个范围内生产出来,而无需用货币来补足某种商品的缺额。货币既作为一般价值指标,又向每人表明各种生产的赢利,只是因为这样,它才对这些生产有所影响。如果货币因而必须保证它所表现的价值确实存在,则这一点不应理解为:一切需要的财货都是实际进行生产的,虽然,在对不存在的商品发生需要时,也可以说,只是货币商品不够,因为世界上的全部金属并不以人们需要而自然界没有的商品为代价。但是,第二,货币可以也必须只提供这样的保证:分工系统中所生产出来的价值,足以使一些人个个感到满足,这些人由于占有贵重金属或其他某种商品而得到这个价值的拨款,并且在拨款中实现这一价值。作为商品的结算手段可以提供这种保证,这是由于它同任何商品一样,受生产费用和价值决定规律的支配;因此,没有人能在握有这种结算手段后,从分工范围内获取他未曾补偿其等价物的财货,因为一个人不外乎处于两种情况:一是他最初就生产了用作结算手段的商品,这时,他生产了同所换取的价值相等的价值;二是他用所生产的另一种商品换取了用作结算手段的商品。这时,他取得以货币形式属于他的拨款,但事先也提供了相同的价值。如我们所看到的,结算总是应当平

衡的，因为货币带有商品性质，没有人能够从产品总量或流通中获取大于他本人在流通领域中的投放量的价值。

3

货币能否不再是商品？当然能！货币间接表达分工所产生的正确结算的条件，若是可以不通过货币的商品本性、而以另一种方式去实现，就有这种可能。

§ **8.**

可是，最初只有商品能够成为货币。分工作为国家本身在一个方面的表现，它不早于、也不迟于国家，而是与国家同时产生的。因此，分工同国家本身一样，具有一些原始的、自然而无意识的根源和出发点。所以货币也不可能因人的自由决定而开始推广，它是自行推广的。

在最早期的不开化的社会状况下，实业知识和需要都还很少，每人因而几乎都以自己的产品满足本身的需要，偶尔的分工只是表现为个别的交换行为。这时，同一种气候和地理位置的影响，毕竟还是迅速地养成同样的生活方式和同样的嗜好。二者都造成这样的结果：某一种商品成为人们最喜爱的商品，它的需要大于其他一切商品，因此同其余商品交换的次数也最多。起初，这种商品就是用于满足最大量的需要的商品。同时，这种商品也已经会成为财产的标准。这并不是因为它已经用作价值的一般尺度，也表明了为某些人占有的其余商品的价值。初期，这只是因为每人的财产事实上就是由这种商品构成的,也就是说,这种商品的数量直接表现了财产的规模。一旦到达了这个阶段——而在到达这个界限以前,自然界支配着人,人毫无作为——,要把这种商品变为货币,只需前进一小步。前进这一步,不是靠一般的协调一致,而是由于每个人的易于了解的判断。原来,如果这种商品不易损坏,那么,每一个握有他所不需要的商品的人,只要有最普通的智力,都会想到,在可能的条件下,拿自己的这件商品去交换上述人人需要并构成财产的商品。而且,这项交换的进行,不是为了立即使用此种商品,而单是为了拥有这样一种商品,以代替不需要的商品,前者经常为人们所大量需要,因而随时可以用来交换别的商品。凡是存有这种人人需要的商品、又正好需要另一个人所不需要的商品的人,不会不拿出一定数量的前一种商品,去交换后一种商品。当这个判断成为公认的道理(因为它是显而易见的,一定会为大家所公认)时,在一定范围内生产出来并为其参加者所需要的一切商品,就会立即同这个人人需要的商品相交换。因此,立即可以发现其余各种商品同这个基本商品交换的数量比例。于是,这个商品就变成货币,因为它已成为流通手段和价值尺度。从最初用作货币的商品的必要性判断,这种商品,无论在何处,原先都不是金银。这一点,的确为神话、历史和人种学所证实。例如,温带各国,是由狩猎和游牧发展到耕作的。在所有这些国家中,起初,由于很容易解释的原因,牲畜起着货币的作用,因为既提供食品、住所和工具、又作为最初谋取或经营的对象或基础的财货,当然要成为人人寻求和人人需要的财货,成为财产的最主要的组成部分。只是在以后,敌人不再被杀害,而是沦为奴隶,奴隶制把生产的重负从大家身上转嫁到某些人身上。从这时起，只有奴隶主才是流通的唯一参加者，他们拥有别人应该供给他们的各种必需品，因而可以广泛地发挥自己的想象力，增加很多新的欲望。这时，开始了一个光辉灿烂的传奇和英雄的时代，国家和正统的宗教形成和发展起来，新登基的国王和新落成的庙宇都要装饰，装饰品的需要应运而生。这时，另一种商品就可能成为人人需要和用于交换的商品，取代那种满足大家共同的实际需要的商品。这样，金银就成为这种人人寻求和需要的商品，成为财产的最可取的形式，因为金银二者都很美观。这种情况有革律翁的公牛之类的神话为证，也有史料为证。据史料记载，在金银数量有限、格外引人喜爱的地方，在国家的历史发展过程开始进行的地方，金银就首先在这些地方成为货币的。

货币的产生所经过的这条道路，难道不就同时表明，除商品外，别无他物可以成为货币吗？这种必然性，既寓于价值比例中，又寓于保证补偿的可能性中。

问题在于，就决定价值的自然原因来说，价值是一个波动的数量。分工愈是偶然，愈是囿于一隅，这种波动就愈大。在流通已经发展到很高级的阶段时，价值也只不过具有倾向于生产费用的趋势，而生产费用也是变化不定的。在较早的阶段，决定价值的主要因素，是储存量与需要的比例。在更早的时候，当有规律的市场比例还没有出现，价值的唯一标准就是个人需要的增减。但是，履行价值尺度的职能，是货币的主要特性。因此，这种自然波动的价值，必须在每一个时刻能够在货币中体现和反映出来。唯有商品可以用于这个目的。在这方面，最好的商品，是其本身受价值变动影响最小的商品。可见，就这方面来说，只有当价值摆脱上述波动的支配而得以调节时，才有可能产生别的货币。这种调节，要达到最有力的程度，唯有在分工最为巩固和合理的条件下才有可能实现。这种分工，由于其发展水平，它本身已经包含着自己存在的必然性。可是，分工在发展的早期阶段，它本身就已经要求有货币，因此，起初，只有符合于必然由分工的最初步骤所决定的价值比例的东西，才能成为货币。

在保证补偿方面，也有完全类似的原因。起初，流通是局部的，表现为个别偶然的交换行为。在这种情形下，如果某件物品不能以自己的本质直接保证使一个人所提供的产品得到补偿，就不会有人把这件物品当作货币接受下来，因为否则他也就没有把握以另一种办法得到这个补偿。只有在保证能够得到补偿时，才没有人需要以货币本身作为临时的补偿。当然，即使没有临时的补偿，人们也会有得到补偿的把握。可是，如果货币还不是人的自由的产品，这种情况只是在分工巩固、合理而又发达时才有可能。如果货币已经是人的自由的产品，则这种情况只是在同时要求充分认识自由的条件下才有可能。但是，要形成分工，就已需要货币了。所以，在这里，唯有能够履行货币职能并且提供一定补偿保证（用另一种方式还得不到这种保证）的东西，即最初可用自己作为补偿物的商品，才能成为货币。

§ **9.**

从这个货币形成史中可以看出，今昔比较，贵重金属在大部分情况下曾经在另一种意义上、以另一些原因成为货币。

起初，金银只是被当作商品加以接受，同时我们看到，只是因为存在这种情形(这种情形只可能发生于商品),才产生了并且可能产生货币。正如最初,人们用牲畜交换每种产品,因为牲畜曾经是一种满足最大量需要的财货,所以人们对它的估价高于其余一切财货,认为它是财产的最主要的组成部分,到后来,金银就开始发挥这种作用。其原因是,虽然金银无法满足迫切的需要,但是这些需要可以靠奴隶的劳动来保证,而主人的地位则要求外表豪华,于是贵重金属现在就像以前的牲畜那样,成为财产的主要组成部分。这样,金银被用来同每种产品交换,是因为人们感到对它们本身有所需要,而且它们也确实被人们需要。起初,无论金银怎样频繁地进行交换,它们本身就是对所提供的产品的补偿。但是,金银因而只是履行了货币的职能,而还没有在实质上成为确切意义上的货币。

如今,金银不仅发挥了货币的作用,而且就是货币。如今金银还只是货币,或者说主要是货币,因为其占有者相信,通过金银,他总能得到他要用以补偿所提供的产品的财货。对于一般人来说,这种信心只是经验和事实所造成的,但是经济学家知道,这种情况之所以可能出现,只是因为金银以它们的商品性质,符合于保证在分工中作为合适媒介的两个条件。可是,如今起着货币作用的金属,绝不是因为需要或因为用作商品而被人们当作商品接受。如果这样,则它本身就会被人认为是对已提供的产品的补偿。何况现在每人都想通过这些货币得到补偿。而实际上,金属货币目前并不被人当作商品接受和提供。因为一旦发生这种情形,它们就会不再履行货币的职能。这一则是由于其数量同其余各种财货比较是有限的,二则是由于此后再也没有人会接受它们,以满足自己的需要。原来,在现代分工条件下,一个人经常只完成财货生产的一道工序。

这种分工是固定和必然存在的，任何人都无法置身于其外；然而，有许多财货，在需要方面超过了贵重金属。每个人怎么会以自己的劳动成果换取作为商品的贵重金属呢？须知，在各项更为重要的需要一概得到满足以前，贵重金属对于每个人来说都是毫无价值的。

进一步说，如今人人接受金属货币，只是因为每人都相信，他可以用金属货币换得他所需要的东西，也仅仅因为如此，每人才提供自己的产品，收入金属货币。这样，金属货币现今之所以只是货币，并不是因为它是一种人人需要并为人人当作必需品接受、因而履行货币职能的商品，而是因为它是一种有保障的拨款凭证，它也以自己的概念本身成为货币。这一点，在现代纸币中看得特别清楚。有保障的纸币，没有或几乎没有任何价值，但却完全像金属货币一样，为大家所乐于接受。这就最好不过地证明了：关键不在于货币商品，而在于货币，即在于获取完全不同的另外一些商品的拨款凭证。纸币被人接受，只是因为人们普遍相信随时可以拿纸币去兑换金属货币。这一点是无法反驳的。原来，当有可能这样做的时候，人们却并不如此行动，这就恰好证明，货币商品是不需要的。若是说这种信念在大多数情况下只能维护纸币的币值，则这不单纯是因为纸币随时可以换得货币商品，而是因为这种可能性的存在证明纸币的数量还适应于流通的需要，即合乎结算手段所应具备的条件。即使所有人都确信，抵偿纸币所需的货币商品并不存在，有一种基于其他一些理由的对发行对象的信念，也可以维护纸币的币值。多年以来，英国就是这种状况的例证。

由此可见，应当区别金属货币发展史上的两个时期。在两个时期内，金属货币由于自己的商品性质，都是货币。但在前一个时

期，金属货币在发挥这种作用时，是以它的这种性质本身，直接对已提供的商品进行补偿，而现今，金属货币只是作为可靠的补偿拨款凭证，提出这种补偿的保证。还有一个划分这两个时期的历史阶段。这就是开始实行贵重金属的铸造，以之代替称量的阶段。

金属货币的这两个不同的时期，应当严格加以划分，并且要像这里所做的那样，从历史上去划分，而不要（如通常所做的那样）纯粹从逻辑上去划分。人们在进行后一种划分时认为，这两个时期都寓于现代金属货币的实质之中，因为第二个时期唯有在第一个时期的基础上才能存在。当然，如果第一个时期不先出现，第二个时期就不会出现，但它如今已经独立存在了，第一个时期不过是它的历史先导而已。[①] 某些新兴的重商主义者的观点，就是以混淆

① 这是一个很好的例证，说明社会手段（即使不是社会制度）在它的历史发展过程中，在人的掌握之下，会变成性质和作用都不同于当初的另外一种东西，就像社会关系原来基于自然的必然性，受自然界的支配，以自然界的事实为基础，随后，在其发展过程中，逐渐转向人类自由的领域，由历史的新创造者——人本身继续予以发展。我至少相信，有朝一日，我所描述的货币会由金属货币代替。甚至化学都会在这方面起促进作用，因为如果一旦它能解决炼金术的任务，即廉价制造金银的任务，则贵重金属就会不再用作货币。若是我所描述的货币一旦因而成为流通的媒介，则在货币发展史上就要区别三个时期：第一个时期，唯有商品，并且正是以其商品性质，才能成为货币；第二个时期，只有商品——但它已不是作为商品——才能成为货币；第三个时期，货币可以抛弃商品形式。在第一个时期，作为商品的商品必然成为货币，因为否则就不能保证补偿已提供的商品。在第二个时期，还是要由商品来起货币的作用，虽然它已不是作为商品本身出现——价值还只能表现于商品之中。在第三个时期，商品以外的另一种东西可以起货币的作用，因为这时价值已经可以用另一种方式表现。这三个不同的时期，各自以分工的一个特殊发展阶段作为基础。同第一个时期相适应的，是分工的初级阶段。这时，分工还刚刚出现，一个孤立的人和孤立的家庭还可以任意对它加以否定。作为第二个时期基础的，是实际的普遍流行的分工。这时，一个人必须参与分工，因为否则他就无处容身。同第三个时期相适应的，是精神世界认识并且掌握了这种发达的分工——自由和人的意志同样在这个领域内开始居于统治地位。

这两个时期为基础的。例如,什米德汉纳就是其中之一,他称货币为“高级支付手段”。贵重金属唯有在作为多次交换的商品并因而履行货币职能的时候,才能称为高级支付手段。现在,贵重金属不再是高级支付手段了,因为它作为现代货币,恰好不再被人当作商品接受和提供。从经验主义观点看来,金属货币无非是一种流通手段,而在逻辑上,它是一种结算手段。凡是使用金属货币的交易,都只是半途而止,因为一个人提供自己的产品,取得货币,有意把这些货币再次用作货币,而绝不是拿出去重新冶炼,这样,他就认为,唯有他用这些货币所能取得的东西,才是对他所提供的产品的补偿。如果用这种货币纳税和付息,情况同样是如此,因为这两项货币,无非就是实物税和实物利息的另一种形式而已。[①]

§ **10.**

现在人们接受货币,绝不是因为从货币中,像从商品中一样,当即得到对已提供的产品的补偿,而只是因为他们相信,通过货币,将获得这项补偿。这种信心的产生,是由于货币以其商品性质,符合于结算手段所应具备的条件。因此,只要其同样符合于各项必备的条件,必然有可能采用非商品的结算手段。如果简单票券能做到这一点,它也就能占有结算手段的地位。这些条件是:

甲、结算手段必须能够表现财货的价值;

乙、它应当保证,它所表现的价值确已生产出来,并且实际存

① 值得指出的是,新兴的重商主义者怎样极力对自己的学说体系作科学的论证,但却也总要用不正确的货币观点作为最终的基点。而在叙述时不求科学论证的另一些人,倒避免了这种危险。

在。

可见，如果简单票券能够做到：

甲、表明由结算手段所证明并凭证拨付的价值，

乙、可以使人们设法确保这个被证明并凭证拨付的价值确实存在，

那么，简单票券显然也能履行结算手段的职能。

如果实现了财货价值总是符合于已消耗的劳动总量这一前提，简单票券就确实能够符合于这两项条件。因为：

关于甲项。谈到第一个条件，在这种设想之下，一日或一小时或一分钟，同一塔勒、一格罗森和一芬尼的含银量一样准确地表明价值量。同金属总量所作的一样，这个劳动量能很好地确定，在以磅、舍费尔、桶或肘计算的一切财货中，含有多少价值彼此相等的数量，或可以相互交换的数量。只是在前一种情况下，在价值上彼此相等或可以相互交换的财货，乃是一律以例如等于 1 日、1 小时或 1 分钟的等量劳动生产出来的财货；在后一种情况下，在价值上相等或可以彼此交换的，乃是各自同相当于 1 塔勒、1 格罗森或 1 芬尼的等量白银交换的财货。因此，表现 1 日或 14 日劳动或其他任何一个劳动时数的票据，可以相应地同刻有等于 $\frac{1}{14}$ 马克或 1 马克、1 塔勒或 14 塔勒等重量单位的金属一样合适地用作一定价值的证明或拨款单。关于商品，可以说它值 1 日或 14 日，正如现在可以说它值 1 塔勒或 14 塔勒一样。

关于乙项。至于第二个条件，那么，为了使票据上注明的价值确实存在，必要的措施在于：唯有确实提供一项产品的人，才取得一张精确地标明他制造这项产品所花费的劳动量的票据。提供值

二日劳动的产品的人，就领得一张标明“2 日”的票据。在发行这些票券时，只要切实遵守这个规则，第二个条件也就一定能实现。因为按照我们设想的前提，财货的实际价值总是符合于制造财货所花费的劳动量，而这个劳动量又有自己的标准，即一般的时间划分。所以，例如，一个人提供了消耗二日劳动的产品，就会在得到所提供二日劳动的证明的同时，他就以兼为拨款单的证明的形式，得到了不多不少、恰好等于他实际提供量的价值；其次，因为唯有实际上把产品投入流通的人才领得这种证明，那么，票券上标明的价值也就肯定存在，满足社会的需要也就有了一定的保证。无论把分工的范围设想得多么广泛，实有价值总量毕竟都要准确地等于证明上记载的价值总量。可是因为这个价值总量准确地等于应付的价值总量，所以后者必然同实有价值总量相符，于是一切要求都将得到满足，结算也会准确地进行。

在实现这个条件时，只应避免两种危险。一种是，有人不去生产价值、从而领取货币，却宁愿舍此而取巧，即制造任意证明各种价值量的票券，这就是出现伪造货币的危险。因此，票券的发行权只能归国家掌握。国家有足够的办法去防止这种危险，一则印制票券的设备价格昂贵，二则有必要的刑法制裁伪造者。其实，伪造现代纸币的危险，还从来没有使纸币贬值过。第二种危险是，发行票券的政府本身可以欺骗国民，即为了提高税收，没有受权就从流通领域中抽调财货，使人们在以后使用票券时感到财货供应不足。但是，这种危险，无疑可以通过政权组织，以私人干预和公众监督的办法加以克服。

如果国家肯定可以防止这两种危险，则对于这个条件来说，还有一个推行这种货币的方式问题：这里指的是流通中的某一时机，时机一到，国家就出来发行这种货币。严格地说，虽然这个问题已经不包括在我们考察的范围内，而且就存在产生租金的所有权的现状而论，在证明我们所设想的前提能否实现和能够在多大程度上实现以前，不可能对这个问题作出详尽的回答，但我们还是要在此处对它加以涉猎，以便更加习惯于考察这种货币；同时，我们还要针对已经在前面作过对比的两种社会状况来加以涉猎。

在不存在产生租金的所有权的情形下，全部土地和全部资本都属于国家，由国家根据事先编制的各生产单位需要量平衡表予以使用。私人按照各自的选择和技能，在生产单位中从事国民产品的生产，然后依据各人参与其生产的份额，从国民收入中领取自己的报酬。这是一种要以货币为媒介的结算。的确，在这种状况下，很容易实现这里的一项关键性的要求：每人以他制造的产品，换得注明其中所含劳动量的证明。犹如现今在工作完毕后，企业家以金属货币形式付酬给工人，在此处所说的状况下，生产单位负责人以劳动券形式向工人付酬。随后，工人按照他被证明的劳动量，在国营商店和零售店中使用劳动券，换得消费资料。被证明的劳动量同时作为一种“价值尺度”，表明它所能换得的财货量。于是，这些票券就流回国库，以后在进行新生产时再次发行。在采用这种发行方式时，任何人如果自己没有提供满足社会需要的等量价值，就都不可能成为价值拨款单的占有者，因而这种货币也就从来不会找不到自己的等价物。

在存在产生租金的所有权的状况下，土地和资本属于私人，其

结果，一方面，私人是企业家，即为自己经营事业，另一方面，劳动者得不到表现为消费资料的全部产品价值，而不得不同土地占有者和资本所有者分享这一价值。

在这种情形下，国家从来不可能验证向它提供产品的事实，因为产品一直留归私人掌握。在这里，当消费者向最后生产阶段（在这些阶段上，消费资料最终制成）的企业家购买他们所需要的物品时，国家必须进行干预；它必须以新货币付给企业家其所供消费资料的全部价值（消费资料中所含的全部劳动量），换取消费者用以支付必需品价款的原有货币总额。其结果，是同不存在产生租金的所有权的状况下一样的。具体地说，如前所述，一定时期内国民收入的价值等于这个时期所消耗的直接劳动总量。在不存在产生租金的所有权的状况下，货币会按照证明每人所消耗的直接劳动量的方式发行。这时，以这种方式发行的货币总额，在我们所知道的前提下，会准确地符合于国民收入的价值，因此，可以保证使货币经常找到其中所表明的价值。在存在产生租金的所有权时，国民收入的价值甚至必然会由最后一个企业家来直接加以证明。因而很明显，在这种情况下，所发行的货币总额不超过实有的价值总量，所以也可以认为，每一个因亲自参加国民产品生产而有权获得消费资料的人，犹如以已经支付的形式领取了这些新的价值拨款凭证。这时，在这个数额的范围内发行的货币总量，一则恰好足以把每个企业的资本更新，或者用一般形式表述，就是足以把全部国民资本提高一级；二则也足以在每个生产阶段拨出相应的收入。原来，当最后生产阶段的企业家还是全部货币的拥有者的时候，他们为了继

续从事经营，要把其中一笔款额作为修理自己工具的费用，交给最近前几个阶段的企业家，它等于他们所需材料的价值和工具的修复费；另一笔款额，等于附加到他们自营企业财货价值上去的价值，一部分用于取得他们的自有收入即租金，一部分让给劳动者，使劳动者获得工资。这个过程，将继续往下重复进行，从一个阶段到另一个阶段，直到在各个连续生产阶段上，租金获取者和劳动者的收入降低、而资本又完全得到恢复为止。这个事先以新货币拨出的收入，一定会在新生产期临近结束时，在最后一批企业家的储备中得到充分的使用。总之，这些新货币，会像现代金属货币那样，经常不断地从消费者流向消费资料的最后生产者，又从最后生产者重新返回，通过全部生产者，直到在新生产期内，以收入拨款凭证的形式，再次分配给各个生产者为止，从而同时推动国民资本向前运动，随后又在最后生产阶段的财货中实现。

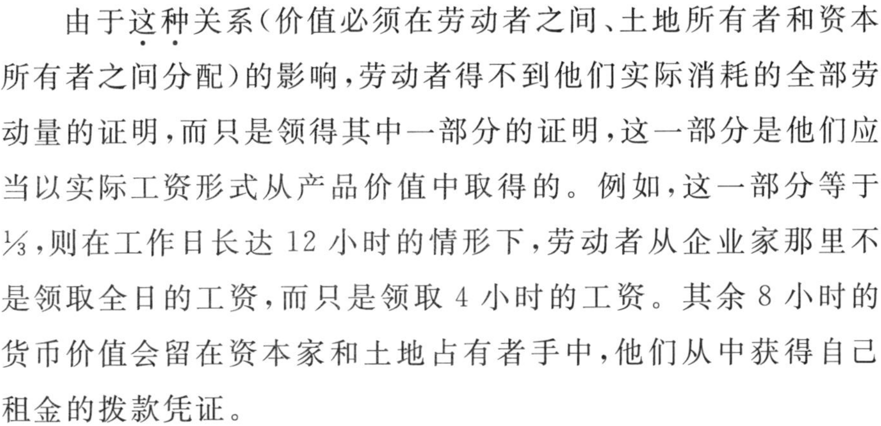

由于**这种**关系（价值必须在劳动者之间、土地所有者和资本所有者之间分配）的影响，劳动者得不到他们实际消耗的全部劳动量的证明，而只是领得其中一部分的证明，这一部分是他们应当以实际工资形式从产品价值中取得的。例如，这一部分等于⅓，则在工作日长达12小时的情形下，劳动者从企业家那里不是领取全日的工资，而只是领取4小时的工资。其余8小时的货币价值会留在资本家和土地占有者手中，他们从中获得自己租金的拨款凭证。

采用这种方式，即使在现代条件下，也没有人会领到一张票面价值量实际上并未生产出来因而并不存在的票券。可见，在这种情况下，结算手段所要具备的第二个条件也会实现。[①]

§11.

实现了上述条件，简单票券就可以像金属货币一样，向每个生产者提供正确结算的可靠保证。不过应当记住，必须设想，财货价值符合于财货所消耗的劳动量这一前提已经实现。但这时，已消耗的全部劳动量等于实际提供的价值，而因为每人都只得到他所提供的劳动量的证明（在存在产生租金的所有权的条件下，租金获取者和劳动者分享这个劳动量），这个证明就是一张价值拨款单，所以实际具有的价值量一定符合于已拨付的款额，每人终究会获得自己产品的全部价值。如果承认我们所设想的前提，那么，要使人人相信并且乐于收纳这种票券，作为提供产品的证明，也乐于凭这种票券支付产品价款，无非只需人们了解这种关系是合理而又切合实际的，无非只需使人们相信这种结算手段所要具备的第二个条件是可以实现的。对于这种票券来说，同银行券相比，要使人们普遍了解和相信这几点，为什么较为困难呢？原来，银行券之所以能够流通，是因为大家相信实际上有一批金属，构成了银行券的必要基础，而且人们了解，在合理经营的条件下，这批金属是一定会具备的。同样的信念和同样的理解——假若一般地说是能够确立的——，也可以使另一种票券流通起来，那种票券不是表现金属

---

① 不应忘记，这里所描述的情况只有一个假设的基础，即设想财货价值总是符合于财货所消耗的劳动量。可是，在存在产生租金的所有权时，这个前提是不可能完全实现的，因此我们所描绘的情景也就不可能存在。不过我们只是想说明，新货币本身并不包含实现这种情况的任何障碍。

的中间价值，而是直接表现财货本身的价值，这在我们所设想的前提下，这是可以做到的。归根到底，人人终将具有这种信念和理解，因为二者都是切合实际的。

§ **12.**

大家知道，已经时常有些人徒劳无功地试图寻求同“实际”货币或商品货币相反的纯“理想货币”。还有些人认为，除了商品货币以外，不可能有其他货币。

第一，他们硬说：不可能有“理想的价值尺度”，也就是说，不可能有“一个简单臆造的数额，它既非实际财货量，又非实际财货的分数或倍数，却能用来**测定财货的等量价值**，从而**直接计量**价值，而不是间接地计量价值，即起初确定一定数量的实际财货——金属，然后通过它确定其他财货的等量价值”。这种说法，有相当大一部分是不正确的。当然，“想象出来的数额”是不可能成为价值尺度的。然而，如果财货价值总是符合于财货所含劳动量这一前提能够实现，则劳动量（1 日、1 小时、1 分钟）就不是单纯想象出来的数额了，这个数额虽然感觉不到，却是完全肯定的，是财货所固有的。运用这个数额，可以直接计量价值，而不必先确定一定的实际财货即金属的数量，再通过它表明其他财货中的等量价值，因为 1 日、1 小时、1 分钟直接表明一切财货中可以在交换时互相发生关系的数量，即相等的价值量。

第二，他们还说：“如果说理想的定义可以用作价值尺度，而且在签订商业契约时，可以用这种理想的货币来计算和确定价值和价格，那么，这种理想的货币毕竟还不可能用作支付手段，价格也

不可能以这些货币偿付。”可是，在流通发达的条件下，商品货币，也并不是其本身就补偿或偿付了对方所供产品的那样一种支付手段，而只不过是本来意义上的支付手段，即保证提供产品的人得到支付的手段。因此，价格不是以货币支付的，而只是以货币表明的；现代金属货币只是保证其中所表明的价值实际上将得到偿付。但这不是说，金属货币本身在适当的时候成为必要的补偿(在现代条件下，它也无力起这种作用)，而是说，它以这种保证，实现了结算手段所需具备的条件。如果这种保证可以用另一种方式提供，则商品性也就没有必要了。①

在证明以上五大原理之后，还有一件重要工作，就是证明第六个原理：我们所设想的前提是可以实现的。有人要问，能不能设法把财货价值一贯保持在所消耗的劳动量的水平上呢？我相信，这是能办到的。在不存在产生租金的所有权的状况下，一切财货都能做到这一点；在存在产生租金的所有权的状况下(这时，土地和资本的私有权是无法加以限制的)，至少有一部分流通中的财货可

① 我已经清楚地证明其可能性的这种货币，不应当同戚提(见《财政危机……》)所建议的货币混为一谈。仅根据劳氏在《政治经济学文库》第5卷上册中的评论(我本人未见到原书)，我可以断定，有两个重要区别。第一，戚提所说的货币，作为财货的价值尺度，保留着对金属的偏爱：那种票券虽然不必同法郎、塔勒等兑换，但同以往一样，反映着这些货币。我所主张的货币直接以财货本身作为价值尺度。在发行戚提倡议的货币时，国家政权当局不仅可能有欺骗行为，而且可能犯错误，即可能在无意中发行过多或过少的货币。在发行我所提倡的货币时，根本不可能有这种情况，因为发行的时间和规模，都是同实际存在的价值相适应的。我觉得，戚提的建议还是无法实现是因为：他所主张的货币照旧以贵重金属作为价值尺度，可是又企图完全脱离贵重金属。因此，就那种还不能以另一个尺度代替现今价值尺度的币制来说，在它所能做到的范围内，李嘉图的建议毕竟还是最好的。当然，要实行我的建议，就要实现一个前提——各种财货数量的交换适应于等量劳动。唯有在这里，开始遇到了困难。

以做到这一点。但是,我只是准备在第三部书中再去证明这个原理。

译后记

我们在学习政治经济学时，屡次读到革命导师马克思、恩格斯对19世纪德国资产阶级经济学家洛贝尔图斯的批判，但从未见到洛贝尔图斯著作的中文译本。

一个偶然的机会，我们找到了洛贝尔图斯代表作《关于德国国家经济状况的认识》的俄文译本，决定业余挤时间把它译成中文，供经济学界和学习马列主义政治经济学的同志们参考。

这本书有不少地方很费解，我们至今没有找到原文本，也无其他版本可供核对。由于主观能力和客观条件都不足，误译和不妥之处在所难免，有待于读者指正。

俄译本的译者为H. 波斯别洛娃（H. Поспелова），校者为B. 谢列勃里亚科夫（B. Серебряков）。俄译本附有校者长序，对洛贝尔图斯生平、思想体系、主要论点和本书内容作了较详尽的介绍，特一并译出，供读者研究参考。

斯竹　陈慧

图书在版编目(CIP)数据

关于德国国家经济状况的认识:五大原理/(德)卡·洛贝尔图斯著;斯竹,陈慧译.—北京:商务印书馆,2017
(汉译世界学术名著丛书:120年纪念版:珍藏本)
ISBN 978-7-100-14186-4

Ⅰ.①关… Ⅱ.①卡… ②斯… ③陈… Ⅲ.①经济思想—德国—近代 Ⅳ.①F095.164

中国版本图书馆CIP数据核字(2017)第137533号

汉译世界学术名著丛书
(120年纪念版·珍藏本)
关于德国国家经济状况的认识
五大原理
〔德〕卡·洛贝尔图斯 著
斯 竹 陈 慧 译

商 务 印 书 馆 出 版
(北京王府井大街36号 邮政编码100710)
商 务 印 书 馆 发 行
南京爱德印刷有限公司印刷
ISBN 978-7-100-14186-4

2017年12月第1版　　开本710×1000 1/16
2017年12月第1次印刷　　印张12½
定价:70.00元